AF392392

Susana A. Frías B.

Un Respiro para el Alma

ISBN   978-9962-17-003-7

863
b231   Susana A. Frías B.
        Un respiro para el Alma / Susana A. Frías B.
        Provincia de Panamá, Panamá : Imprenta , 2021.
        101 p. ; 15.24 X 22.86 cm.

        ISBN 978-9962-17-003-7

        1. INTERACCIÓN SOCIAL
        2. APRENDIZAJE ABIERTO

Revisión filológica:
Héctor M. Collado

Diseño y Diagramación -AUM
Impreso en Ciudad de Panamá, República de Panamá

Hecho el depósito legal

AGRADECIMIENTO

Dar gracias es indispensable al reconocer que esto es el resultado de un caminar.

Para empezar necesito agradecer a mi Dios, porque hoy sé que en su camino todo tiene un propósito superior.

A mis padres, empiezo con mi madre, la mejor, la más abnegada, la más hermosa y perfecta ante mis ojos, que me enseñó a amar de forma incondicional y me cuido y acepto en todos los momentos de mi vida. Luego mi padre que hoy por hoy nos hace falta su forma tan auténtica de ser. Mil Gracias.

A todos mis hermanos: Fufo por su serenidad y sabiduría al hablar, Hernán que desde el cielo conoce mi sentir, Darío por su ejemplo de fe y convicción en Dios y Niño que sigue dándole sazón a la familia. Gracias por ser ustedes.

También alguien que salta a mi mente fue quien me enseño el significado de derecho a ser feliz, más que como un regalo, una obligación, una responsabilidad personal, así como el respeto a la individualidad y la aceptación del amor adulto, es mi amiga del alma, que sé que desde el cielo sigue sonriendo, mi querida Betty. Gracias por aceptarme tal cual soy.

A mi extraordinaria familia, que son mi bendición más preciosa y más grande: Mi amado esposo Carlos, gracias por ser mi soporte, mi confidente, mi amigo, mi amor; Gracias por ser tú, por todo y por tanto; a mis tesoros, mi bendición particular, que me impregnan de fuerza, luz inspiración y hacen que todo valga la pena, mis maravillosos e inigualables hijos: Carlos F. Jr. Que ilumina todo con su hermosa sonrisa franca, a mi ángel Valentina quién todos los días me enseña y crezco con ella y a Carlos R. que hoy por hoy es nuestro nuevo respiro de felicidad.

GRACIAS POR EXISTIR, DEFINITIVAMENTE LOS AMO.

PRÓLOGO

Hace algunos años, en una conversación normal, salió a relucir que en algunos colegios, sino es que en todos, además de los Grupos de Graduandos, del club de Ciencias, de Ajedrez, de Matemáticas o Equipos de Futbol o Beisbol, existen otros grupos de niños a los que les apodan "Los Populares, los Raritos o Los Normales. Estos grupos son determinados por una situación física, por su olor o aspecto físico, su posición económica, por su rendimiento académico, entre otros tantos puntos.

Dichos niños o niñas sufren de burlas constantes dentro y fuera del salón de clases, a veces por medio de las redes sociales reciben calificaciones por su apariencia o forma de ser; muchos de ellos prefieren esconderse en los baños de los colegios para escapar de su realidad, al punto que han llegado a consumir sus meriendas en dichos lugares como único lugar de escape.

Al comentarlo de una forma superficial, en una reunión de padres de familia, recuerdo que todos reaccionaron ajenos al tema, un tanto indiferentes, asumieron de forma casi automática que seguro al que le hacen el bullying no era su hijo o hija; y que si su hijo o hija hace bullying es sólo como un juego inofensivo que siempre ha existido y no lastima a nadie.

Es ahí donde nace la necesidad de buscar la forma de acercar información a nuestros niños y niñas así como los adolescentes, padres y maestros, como todo aquel que tenga contacto con esta situación.

Es entonces donde empieza a emerger la idea de crear un libro sencillo, de lenguaje coloquial que sea digerible sobre los temas de abuso, acoso y bullying, y que a su vez de herramientas simples para enfrentar una sociedad que muchas veces te ataca antes de conocerte, con la finalidad de formar personas emocionalmente fuertes y seguros de sí mismo, independientes con criterio estable y valores aplicables.

 Al indagar más sobre el tema, uno encuentra más que una postura, una predisposición que sostiene de que el Bullying ha formado parte de nuestra sociedad desde siempre de una forma constante, pero es importante reconocer que esto no significa que sea correcto e incorregible, adicional que hoy en día, por los medios que difusión que utiliza, el mundo tan acelerado en que se vive, sus afectaciones son más profundas y permanentes.

Este libro busca acercar información accesible, de forma simple, literalmente entendible y aplicable para buscar un camino de salida a una situación de abuso, acoso o bullying, que trae consecuencias negativas.

Además como parte fundamental encontrara todo un capítulo de cómo crecer y madurar emocionalmente, poder aprender los beneficios de una aceptación total de nuestro Yo con un reconocimiento consciente de su personalidad y un respeto a la vida misma.

La finalidad es darle la información básica o primaria, no la científica, sino la cotidiana, para lograr llamar la atención de una problemática real, actual y recurrente en la sociedad y así empezar a hacer un alto a dichas acciones dañinas y cumplir con su objetivo principal que es el fortalecimiento de las relaciones humanas de forma sana, armoniosa y pacífica con uno mismo y con los demás.

Acoso, abuso y bullying

El acoso, abuso y el bullying son acciones donde se puede lastimar, insultar, maltratar, ofender, abusar y acosar a las demás personas de forma consciente e inconsciente, a través de acciones, palabras y omisión ocasionando:

- Daño y descontrol emocional.
- Prejuicios morales y perjuicios desproporcionales.
- Maximizar el dolor emocional y físico en un momento específico, sin ninguna consideración.
- Burlas sociales utilizando los diferentes medios de comunicación.
- Ridiculizan en público a través de la crítica destructiva sin argumentos y generalizada.
- Generar morbo para desviar la atención de los conceptos realmente importantes.
- Hacer de las diferencias un defecto, una vergüenza, creyéndolos menos dignos, menos humanos.
- En privado y hasta en público pueden recurrir a los gritos, golpes, empujones y amenazas.
- Hostigar y acosar física, emocional, verbal, sexual, laboral, social y digitalmente.
- Hacer más difícil superar o salir de una situación complicada, pues siempre la traen a colación.
- Provocar sentimientos de vacío, soledad, temor, terror, miedo, incomprensión, desesperación, ansiedad y depresión.
- Si existe una discapacidad, la convierten en limitantes, como forma de discriminación para el que la padece.
- Acentuar de forma exagerada un error, agrandando las consecuencias del mismo, convirtiéndolo en una sentencia.
- Se creen jueces, pero son perseguidores perversos.

CAPÍTULO 1

ACOSO
ABUSO
BULLYING

HACEDORES DE LÁGRIMAS

PROVOCADORES Y VERDUGOS

DISCURSO DE ODIO

CARACTERÍSTICAS

CONDUCTAS DAÑINAS

EGOCÉNTRICOS
ORGULLOSOS
SOBERBIA
AGRESIVOS

INCITAR O COMETER CRÍMENES DE ODIO

VÍCTIMAS

CAMBIOS EN LA PERSONALIDAD

CREACIÓN Y ACUMULACIÓN DE RESENTIMIENTOS

COMPARACIÓN
DIFICULTAD DE CONCENTRACIÓN
VIVE EN EL PASADO

CAMBIOS PROFUNDOS DE CONDUCTA

GENERACIÓN DE PENSAMIENTOS VENENOSOS

PENSAMIENTO DE VENGANZA
PENSAMIENTO SABOTEADORES

AUTOCOMPASIVO

REFLEJA BAJA AUTOESTIMA

NECESIDAD DE ACEPTACIÓN
AISLAMIENTO DEFENSIVO
FALTA DE PROTECCIÓN
FALTA DE FE
SENTIMIENTOS DE AUTOCOMPASIÓN

PASIVOS

CARACTERÍSTICAS

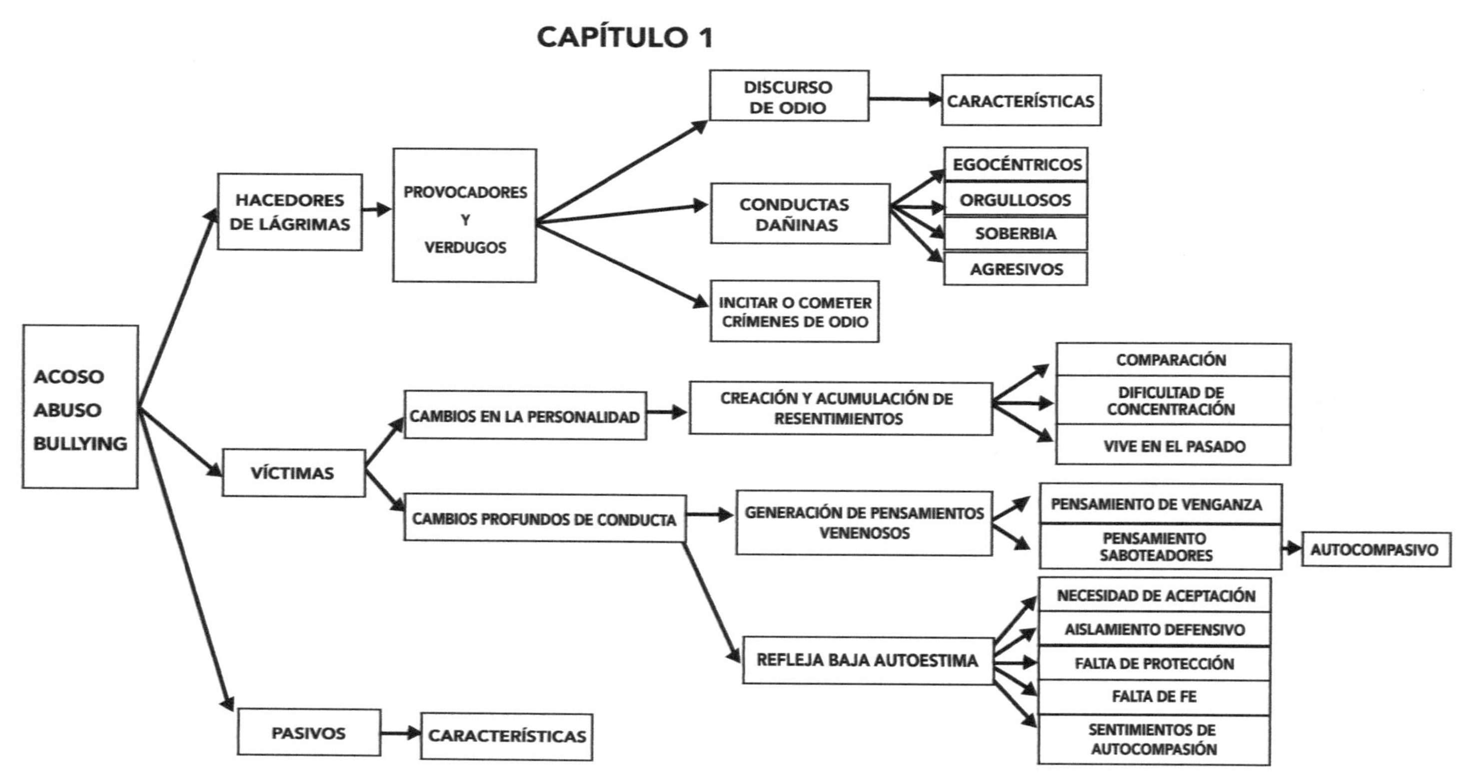

LA NECESIDAD DE PERTENECER

Una de las necesidades más simples y estables en el ser humano es la necesidad de pertenecer, sentirse parte de algo. El primer club es la familia más cercana, vecinos, luego se incursiona a la escuela y con ella a algún grupo musical, típico, deportivo, equipo de ajedrez, sociedad de graduandos, creando diferentes círculos de amigos, etc.

Esta Necesidad de Pertenecer puede conllevar a ser vulnerables a ciertas acciones, comportamientos y situaciones que pueden ser dañinas en sus contextos y muchas veces se es consciente de eso, sin embargo se siguen imitando, aceptando, propagando, permitiendo y hasta justificando.

FRASE: NO HAY NADA TAN COMÚN COMO EL DESEO DE SER ELOGIADO. (William Shakespeare).

Las situaciones dañinas son:
* El uso del bullying como forma de proceder en sociedad y en grupo,
* El abuso como mecanismo para imponer el poder sobre otros y
* El acoso como método de intimidación y de coaccionar a los demás.

En el **Abuso, Bullying y Acoso** interfieren tres actores como mínimo, aquí se les llamarán:
    a.   Los hacedores de lágrimas,
    b.   Las víctimas, y
    c.   Los espectadores pasivos.

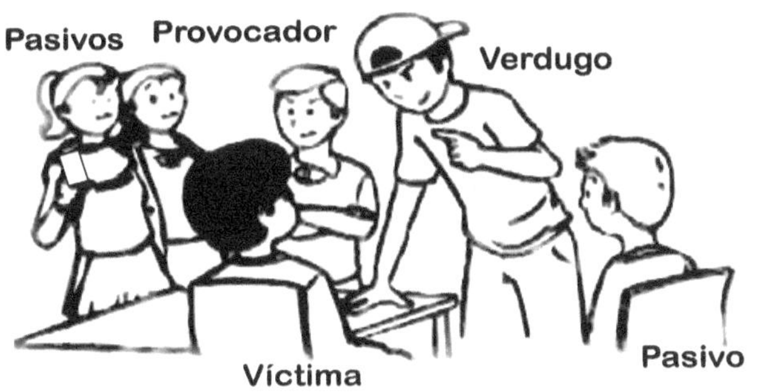

Se intenta identificar la función que ejercen cada uno de ellos para poder establecer el grado de influencia y responsabilidad dependiendo del papel que desempeñan.

HACEDORES DE LÁGRIMAS

Los hacedores de lágrimas son aquellas personas que perturban y dañan la paz emocional, psicológica, espiritual y física de otros. Características más sobresalientes de los hacedores de lágrimas:
• Pierden la perspectiva de lo valioso de la vida.
• Se vuelven egoístas y egocéntricos.
• Piensan sólo en su supuesta necesidad malsana de juzgar a los demás.
• Se sienten con el derecho de cuestionar las acciones, decisiones y características de todos a su alrededor.
• Dan riendas sueltas a su curiosidad mórbida, sin importar el daño que les ocasionan a los demás.
• Con el tiempo su mundo gira entorno a esa actitud de jueces implacables dejando de lado su existencia como tal por estar contemplando la vida ajena; es en ese momento cuando ya no viven su propia vida pero tampoco dejan vivir a los demás.

Lo conforman dos grandes grupos, según su rol y definiciones, sin embargo presentan muchas características comunes.

Estos grupos son: los provocadores y los verdugos.

A. LOS PROVOCADORES O VERDUGOS

Los Provocadores se esconden detrás de los que accionan, ellos son los encargados de incitar, fomentar y empujar a que las cosas sucedan como ellos quieren, normalmente no se ensucian las manos, pero contaminan el medio en que se desenvuelven, minando el caminar y pensar de las demás personas con sus ideas discriminatoria sobre diversos temas.
FRASE: CUANDO HABLAS MAL DE ALGUIEN NO DEFINES SU CARÁCTER, SINO EL TUYO. (Bob Marley)

Los Verdugos son los que se adjudican el derecho y la razón para accionar de forma dañina y tratar desfavorablemente a todo aquel que no llena sus expectativas, pretensiones y hasta prototipos siendo catalizadores de desprecios inmerecidos hacia algunas personas, organizaciones o grupos, etc.

Los Provocadores o Verdugos parten de la idea errónea que las víctimas son indignos o menos humanos por no cubrir con lo que ellos consideran como prototipo ideal de ser persona, utilizando puntos catalizadores para lograr sus objetivos, tales como:

- CRITICAR: el aspecto físico, la imagen y los embarazos.
- JUZGAR: cualquier acción, preferencias sexuales y por alguna enfermedad.
- BURLARSE: de cualquier error, por la edad, alguna discapacidad de nacimiento y por la posición económica.
- EXCLUIR: según creencias religiosas, etnia, nacionalidad, idioma y sexo.
- AMENAZAR: si no se hace la voluntad de los incitadores.
- NO RESPETAR: la libertad de pensamiento de los demás, quieren que todo se haga según sus reglas.
- ETIQUETAR: según orientaciones, profesiones y condiciones sociales.
- INCITAR RUMORES O MURMULLOS: causando predisposición hacia alguna persona o ideología en específico.
- DISCRIMINAR: a aquellos que han sufrido un accidente que cambia sus habilidades o aspecto físico.
- AISLAR: a aquellos que por alguna enfermedad adquirida ven limitadas sus capacidades y pueden, como consecuencia, sufrir cambios en su imagen externa.

Como resultado lastiman y marcan de manera permanente a las víctimas, causando dolor psicológico que es igual al dolor físico según nuestro cerebro.

FRASE: EL INFIERNO ESTÁ VACÍO, TODOS LOS DEMONIOS ESTÁN AQUÍ. (William Shakespeare).

Los provocadores o verdugos justifican su accionar dándole validez en su mente y negando todo sentimiento de culpa y responsabilidad que pudiera generar sus acciones.

Sus justificaciones son:

- Por pertenecer a los populares (casi perfectos) se creen con la impunidad de burlarse de los demás.
- Si tienen que tomar un partido, elijen acosar para no ser acosado.
- Para sobresalir frente a los demás y empezar a ser visibles.
- Sienten que deben establecer su superioridad y le es más fácil a través del miedo que tener que ganarse el respeto de las demás personas.
- El poder que se impuso a través del miedo, por la inseguridad que los caracteriza, les obliga a defender su lugar con violencia.
- Si han sufrido alguna situación que les lastimó, puede verse afectado su forma de pensar y sentir, como consecuencia su objetividad es cuestionable.
- Se alimentan de su ego y si éste fue vulnerado, normalmente su mente lo recuerda una y otra vez, pero con la finalidad de planear, diseñar y trabajar hasta poderle agregar un final diferente a su historia donde ellos son los justicieros y los demás deben arrepentirse de haberles hecho daño, haberse burlado de ellos o haberlos ignorado, es ahí donde se pierde la perspectiva de las cosas y se puede hacer daño de manera masiva.
- Por lo general son personas con baja autoestima y tienen la necesidad inminente de minimizar a los demás para sentirse superiores a ellos.
- Son limitados de visión, por eso utilizan la manipulación y el chantaje para hacer sentir culpables y responsables a los demás, logrando que se haga su voluntad.
- A raíz de sus problemas de autoestima, todo lo que es diferente a lo que ellos establecen, que este fuera de su control o les haga sentir amenazado, ellos le temen y por eso atacan primero antes de preguntar.

LOS PROVOCADORES O VERDUGOS TIENEN DISCURSOS DE ODIO

Los Provocadores o verdugos se manejan con un DIRCURSO DE ODIO como forma de comunicación, procuran generar adeptos a su círculo cerrado y selecto de individuos. Justifican su accionar con creencias arraigadas a la selección del más fuerte, donde solo reflejan que son esclavos y prisioneros de sus propios pensamientos discriminatorios.

FRASE: A VECES EL BULLYING NO ES PRODUCTO DE LA MALDAD EN SU CONTEXTO, ES EL RESULTADO DE LA IGNORANCIA AUNADA A UNA CURIOSIDAD MAL DIRECCIONADA POR TEMOR Y DESCONFIANZA HACIA LOS QUE SON DISTINTOS O LO QUE DESCONOCEMOS.

Usualmente difaman, calumnian, amenazan, excluyen y marginan a todo aquel conocido como grupos minoritarios, los débiles, indefensos, desvalidos o con diferencias de criterios, religión o etnia.

Se excusan y escudan en la libertad de expresión considerando que están en su derecho de dejar fluir su furia, rabia, enojo, agresión y odio por los que son diferentes a su prototipo de persona, sin considerar el daño que hacen con esa postura, sin darse cuenta que solo ponen al manifiesto su miedo recurrente y mentalidad cerrada a cualquier transición de la sociedad actual.

FRASE: MI LIBERTAD SE TERMINA DÓNDE EMPIEZA LA DE LOS DEMÁS. (Jean-Paul Sartre)

Es un discurso con caracteres fuerte, tajante y controversial, con matices de moralidad maquillada, sin embargo cuando se indaga más allá de lo superficial solo encontraremos vacío y carencia de fundamentos, basándose en el odio con un trasfondo de prejuicios y división hiriente.

Son discursos exacerbados y exagerados que provocan impulsos encolerizados, pueden ser agresivos de persona a persona o en multitud, cuya finalidad es el descredito, humillación, menosprecio para hacer sentir indignos, deshumanos, minimizados y hasta poca cosa al objeto de su odio.

Utilizan todos los medios posibles, llámese de persona a persona, en grupos, organizaciones o de forma anónima, por medios de comunicación, redes sociales, información o datos históricos, publicaciones, información e imágenes en internet, manifestaciones y protestas.

FRASE: BIENAVENTURADO EL QUE NO ANDUVO EN CONSEJOS DE MALOS. (Salmo 1)

Los provocadores o verdugos se esconden detrás de la desinformación que ellos producen en algunos medios de comunicación o redes sociales, ellos tienen una información o imagen, la interpretan a su manera, colocándole su punto de vista y su criterio, aunque en conclusión el resultado sea algo completamente diferente a lo original. Nosotros le servimos de cómplices al esparcirlas sin verificar la información original con la información final y su fuente fidedigna.

FRASE: UNA MENTIRA PEQUEÑA NECESITA UN GUARDAESPALDAS DE GRANDES MENTIRAS PARA PROTEGERLAS. (Winston Churchill)

El provocador o verdugo genera un círculo cerrado estilo caja donde solo se oye y resuena lo que ellos creen y quieren escuchar, sin prestarle atención a su entorno e ignorando cualquier argumento que cuestione o contradiga sus ideas, siendo incapaces de sentir empatía por el lado afectado.

FRASE: COMENZAR UN RUMOR ES LANZAR UNA PIEDRA EN EL AGUA, SOLO QUEDA ESPERAR PARA VER COMO GENERA ONDAS QUE VAN CRECIENDO Y PROPAGANDOSE PROGRESIVAMENTE.

ALGUNAS CARACTERISTICAS DE LOS ORADORES DEL ODIO

* Fundamentan sus discursos en la agresión y las verdades disfrazadas o verdades a medias.
* Suelen crear discursos con realidades alternas, sugestionadas a través de las mentiras.
* Son capaces de desempeñar diferentes personajes, dependiendo del ambiente en que se encuentran.
* Tienen la capacidad y facilidad de enamorar con sus palabras utilizando todo lo que este a su alcance para lograr el fin que desean.
* Le echan mano a la mentira de manera casi involuntaria por el uso frecuente de la misma.
* Además por sentirse casi perfectos se les hace indispensable recurrir a las mentiras para poder funcionar en la sociedad y así sentir que encajan en ella y son merecedores de la potestad de juzgar a los demás y condenarlos.

FRASE: TODO ESTÁ PERDIDO CUANDO LOS MALOS SIRVEN DE EJEMPLO Y LOS BUENOS DE BURLA. (DEMÓCRATES)

Hay que tener presente que para poder mentir se tiene que:

* Descalificar la verdad en la mente hasta la negación.

* Fabricar la mentira.

* Hacerla creíble para uno mismo para poder intentar engañar a los demás y

* Al final se tiene que mantener presente, ya que al carecer de sentimientos y emociones propias de las vivencias le cuesta mucho más al cerebro recordarla con detalles.

Conclusión: hasta por economía mental siempre será más sencillo decir la verdad.

LOS PROVOCADORES O VERDUGOS PUEDEN TENER CONDUCTAS DAÑINAS

Los hacedores de lágrimas manifiestan en su comportamiento ciertos rasgos de su conducta que pueden ser catalogados como dañinos, como defectos de carácter o simplemente perjudiciales y limitantes por los efectos o consecuencias que causan en las personas involucradas y en su entorno más cercano.

Son Egocéntricos: suelen alimentar pensamientos como:

- Este mundo es hermoso porque yo habito en él.

- Todo lo tengo que resolver yo.

- Todos se equivocan menos yo.

- Definitivamente se creen y sienten únicos, perfectos e incomprendidos.

- Carecen de la disposición de deponer sus necesidades para ayudar a otros o practicar la empatía.

- Creen que sus necesidades son prioridad y se sienten el centro de atención de todo.

- Si alguna persona refuta el hecho que ellos no son lo más importante y se sienten eludidos o desplazados, son buenísimos para chantajear y hacerse la víctima.

FRASE: NOS DETUVIMOS EN BUSCA DE MONSTRUOS DEBAJO LA CAMA CUANDO NOS DIMOS CUENTA DE QUE ESTABAN DENTRO DE NOSOTROS. (Charles Darwin)

Son Orgullosos: Se observa conductas clásicas como:

- Siempre tienen la razón.

- No saben pedir disculpas.

- Confunden el orgullo con el amor propio o la dignidad, sin contemplar que el que se ama de verdad busca mejorar continuamente implicando superar sus errores y el que es digno dignifica su naturaleza humana por ende reconoce que está en un constante aprendizaje siendo válido equivocarse.

- Es frecuente que reaccionen, que estén a la defensiva por su incapacidad de reconocer sus equivocaciones.

- Siempre buscan culpables en otros.

- Terminan distanciándose de todos.

Sufren de Soberbia: se escudan en un disfraz:

- Se creen superiores a los demás, pero en el fondo están reflejando su sentimiento de inferioridad disfrazado.

- Necesita minimizar a las otras personas, criticarlas y juzgarlas para poder sentirse superiores a ellos por sentir que lo sobrepasan.

FRASE: ESTAMOS TAN ACOSTUMBRADOS A DISFRA-ZARNOS PARA LOS DEMÁS, QUE AL FINAL NOS DISFRAZAMOS PARA NOSOTROS MISMOS. (Francois de la Rochefoucauld).

Son agresivos: recurren a la agresividad como una herramienta empleada con mucha facilidad y frecuencia utilizada cuando:

- Se les acaban los argumentos y no saben que decir, suelen alterarse y pueden ofender o recordar errores pasados con tal de minimizar y desarmar al contrario.

- Al sentirse acorralados y no poder manejar la derrota su comportamiento puede cambiar radicalmente de forma abrupta tornándose agresivo hasta llegar a los golpes.

- Para lograr que se haga su voluntad recurren a la violencia en todos sus matices, ya sea chantajes, amenazas, intimidación, maltratos entre otros.

- Suelen agredir de todas las formas posibles, ya sea física, emocional y psicológicamente, por considerarse con el derecho de corregir lo que ellos creen que está mal, les incomoda o les estorba.

- Muchas veces agreden sólo como un mecanismo para descargar y desahogar su impotencia o frustración frente a una vida que no es lo que ellos sienten que merecen.

LOS PROVOCADORES Y VERDUGOS PUEDEN INCITAR O COMETER CRIMEN Y DELITOS DE ODIO

Hoy en día se ha tenido que tipificar como crímenes de odio por el creciente aumento en la sociedad de delitos relacionados con:

- La discriminación en todas sus formas.
- Incitación a la violencia con movimientos despectivos contra un grupo determinado de personas.
- La intolerancia por las diferencias en todos los aspectos.
- Infracciones contra la propiedad ajena y el respeto a la individualidad.
- Prejuicios que vulneran los derechos humanos en su más legítima expresión.
- El desprecio por alguna diferencia étnica, religión, raza, género, etc.

FRASE: EL MAL QUE HACEN LOS HOMBRES, VIVE DESPUÉS DE ELLOS; EL BIEN A MENUDO ES ENTERRADO CON SUS HUESOS. **(Julio César)**

En la actualidad existe un abanico de opciones para poder erradicar, abolir y eliminar la discriminación en todas sus manifestaciones.

- **La primera** y más importante, influyente y transcendental es la educación, la cual permite ampliar la visión y los conceptos inculcados y aprendidos logrando cambios en la creencia de las cosas y aceptación de un mundo de libertad.

- **La segunda** es la ayuda psicológica que de forma rápida y oportuna nos permite cerrar ciclos de abusos y romper con esos patrones de conductas que tanto daño causan al repetirse una y otra vez de forma cíclica, además de comprender y tolerar los cambios generacionales.

- **La tercera** y debería ser la última en aplicarse, porque significa que definitivamente ninguna de las anteriores funcionaron; ésta es la mano de la justicia, es la aplicación de las leyes las cuales condenan y castigan los crímenes y delitos de odio como cualquier otro delito y el que lo comete se convierte en un delincuente común que afecta el funcionamiento de la sociedad.

FRASE: APOYO LA VERDAD NO IMPORTA QUIEN LA DIGA, APOYO LA JUSTICIA NO IMPORTA PARA QUIEN O EN CONTRA DE QUIEN SEA. (Malcolm X)

Al ser catalogado como un delito o crimen de odio pueden ser sancionado por ley.

Muchos países en el mundo han empezado a aprobar leyes que sancionen y enjuicien a los provocadores, ejecutores, verdugos, incitadores y hasta espectadores por estas acciones de odio y por los daños ocasionados a las víctimas.

Esto es un gran avance debido a que si la mentalidad limitada de los acosadores, abusadores y los que hacen el bullying no les permite ver la amplitud de la libertad humana y la tolerancia de las diferencias, entonces a través de la leyes se logra la pacificación de las situaciones.

FRASE: LA CLEMENCIA QUE PERDONA A LOS CRIMINALES ES ASESINA. (William Shakespeare)

B. LAS VÍCTIMAS

Las víctimas son todos aquellos que se piensan, sienten y son discriminados, minimizados, burlados y abusados por otros que se autodenominan aleccionadores, superiores o mejores que los demás.

Las víctimas pueden reaccionar:
• Con temor o miedo,
• Guardando silencio,
• Siendo introvertido, nervioso e inseguros,
• Considerándose incomprendidos y que nadie le puede ayudar,
• Desarrollando actitudes dañinas para con ellos, ya sea lastimándose física o psicológicamente,
• También dando cabida a la ira y el odio hacia todo y a todos por hacerle la vida insufrible.

Uno de los ataques más popularizado entre la juventud es el Bullying.

Entre las formas más comunes de Bullying están:

• Los murmullos de pasillos, susurros entre amigos y abusos con tono de broma: estos pueden ser ensordecedores, abrumadores y doloroso para el que lo sufre, todo puede empezar por un chiste, burla, sobrenombre o comentario malintencionado, ocasionando un daño emocional y psicológico que genera un ambiente pesado para el que lo padece.

• Otra forma de hacer Bullying y acosar a una persona es a través de las publicaciones de la vida privada: ya sea con imágenes, audio y situaciones comprometedoras, entre más controversial sea la publicación mayor es la satisfacción del agresor y mayor es el daño ocasionado a la víctima.

Es por eso la importancia de respetar la privacidad y comprender que hay situaciones e imágenes que simplemente no se deben capturar y mucho menos compartir con otras personas por más cercana que sea la relación que en ese momento se tenga con dicha persona, pues los seres humanos con el tiempo y las circunstancias suelen cambiar y en el futuro pueden utilizarlas para provocar y hacer mucho daño.

FRASE: NO HAY NADA PEOR QUE DEPENDER DEL ESTADO DE ÁNIMO DE ALGUIEN QUE PUEDE DAÑARNOS CON LAS ARMAS QUE NOSOTROS MISMOS LES DIMOS.

• Existe el maltrato y abuso físico: Puede ser empleado como arma para dominar a otros a través del miedo ya sea entre adultos, menores de edad o de diferentes géneros o la mezcla entre ellos. Este es uno de los más notables por la naturaleza violenta del mismo, suele llevarse a cabo en medio de golpes, gritos, empujones, palabras ofensivas y obscenas, también está el abuso sexual que es considerado abominable a cualquier edad y en cualquiera de sus manifestaciones.

• También existe el abuso emocional y psicológico: Este es el más sutil de todo, casi imperceptible para las demás personas, tienden a ocultarlo muy bien y hasta confundir, pero no por eso menos dañino para las víctimas que lo sufren porque pueden dejar daños permanentes y cicatrices emocionales más difíciles de tratar y cerrar que las físicas por lo complicada de las mismas, por lo general se necesita ayuda profesional para poder reconocerlas y luego empezar a trabajarlas para lograr sanarlas y superarlas.

- Y por último está el acoso personal, profesional, laboral, escolar, social y virtual: Es otra de las formas de victimizar a las personas con una supuesta superioridad generado por sentimientos discriminatorios, utilizados para aprovecharse de otras personas.

DIVERSOS CAMBIOS EN LA PERSONALIDAD DE LAS VÍCTIMAS QUE SUFREN DE ACOSO, ABUSO Y BULLYING

Los flagelos más comunes pueden ser físico, emocional y mental creando en los que lo padecen modificaciones en sus rutinas, entornos y variaciones físicas notables que podemos observar como son:

- Cambios en sus patrones de conductas.
- Alteraciones de sus rasgos y rangos de ansiedad.
- Stress, depresión, soledad y aislamiento.
- Pueden ocasionarse lesiones físicas como cortarse, comerse las uñas hasta sangrar o cualquier otra forma que les provoque dolor.
- Cambios en sus círculos de amigos.
- Cambios físicos en su forma de vestir, música que escuchan y manera de arreglarse.
- Tienden a perder el interés por verse y sentirse bien con ellos mismos por su baja autoestima.
- Una de las manifestaciones que pasan desapercibidas son los cambios en la forma de comer, involucran los trastornos alimenticios existentes o el conocido hambre emocional.
- Sentimiento de rechazo o que no pertenecen a ningún lugar.
- Se sienten incomprendidos y juzgados por todos.
- Refleja una carencia de ideas y creatividad.
- Falta de confianza, ausencia de entusiasmo para hacer aportaciones, negación a participar en grupo y mostrar una opinión en público.
- Pueden empezar a desarrollar actitudes auto-destructivas para escapar de su realidad infeliz.

- Mienten con frecuencia para validar su accionar destructivo y se miente a sí mismo para justificarse.
- Se deja llevar y manipular por la presión de grupo.
- Puede detonar hasta en la venganza y el suicidio.

FRASE: UNA DE LAS FORMAS MÁS SENCILLAS DE GANARLE CLIENTES, AÑOS Y CAMINO A LA MUERTE ES CUANDO EXTENDEMOS UNA MANO A NUESTRO PRÓJIMO Y CON LA OTRA NOS AGARRAMOS DEL AMOR MIENTRAS AGRADECEMOS A LA VIDA.

Es importantísimo reconocer que hoy en día las diferentes formas de acoso se salen de los lugares donde se originó y acompañan a todas partes y a toda hora a la persona que la sufre; esto se da por el uso de la tecnología como la internet y las redes sociales, haciendo del sufrimiento algo absorbente, agobiante, asfixiante y constante sin un lugar o momento de paz para el afectado.

FRASE: TODA VICTIMA MERECE RECIBIR UNA AYUDA IDEAL, OPORTUNA, ACERTIVA, INGENIOSA, DESINTERESADA Y PRUDENTE, ENTRE OTRAS BONDADES.

En su mayoría, como mecanismo de negación, las víctimas tratan de justificar estas conductas dañinas que sufren en sus relaciones de familiares, parejas, amigos, compañeros o grupos sociales, con expresiones como:

- Sólo me está corrigiendo.
- En el fondo lo hace por mi bien o porque me ama.
- Fue mi culpa por provocarlo.
- Piensan que el otro tiene derecho porque existe una dependencia económica, emocional o social.
- Sé que va a cambiar y no lo volverá hacer.
- También lo aceptan porque quieren pertenecer a ciertos grupos, por el miedo a él ¿qué dirán?, por los prejuicios, por impotencia y por sentirse inferiores o solos.

VERSÍCULO: EL AMOR ES SUFRIDO, ES BENIGNO, EL AMOR NO TIENE ENVIDIA, EL AMOR NO ES JACTANSIOSO, NO SE ENVANECE, NO HACE NADA INDEBIDO, NO

BUSCA LO SUYO, NO SE IRRITA, NO GUARDA RENCOR, NO SE GOZA DE LA INJUSTICIA, MAS SE GOZA DE LA VERDAD. (Corintio 13)

LAS VÍCTIMAS SUELEN EXPERIMENTAR CAMBIOS PROFUNDOS DE CONDUCTA

Las personas víctimas del **ACOSO, ABUSO Y EL BULLYING** pueden sufrir ciertos cambios profundos y perturbadores en:
• Su forma de percibir el mundo, de relacionarse con ellos mismos y su entorno, y
• De concebir ideas que provocan estrés y ansiedad al estar revoloteando en el pasado y el futuro, impidiendo que se enfoquen en el presente.

FRASE: EL AMOR SANO EMPIEZA POR UNO MISMO.

Esta conducta es producto de la secuela que deja el tener que cargar el peso emocional de la acumulación de los sentimientos de impotencia que genera ser víctima de diferentes tipos de abusos, éste deterioro lo vemos reflejado en:

a. CREACION Y ACUMULACION DE RESENTIMIENTOS
Consiste en recordar una situación dolorosa donde se transportan a ese momento, volviéndola a vivir con todas las emociones del primer día, llámese tristeza, enojo, vergüenza, ira y culpa, entre otras.

Los resentimientos los encadenan a vivir entre el estrés y la ansiedad, rebotando desde un pasado que no se puede cambiar hacia un futuro inmediato irreal, producto de la incertidumbre, alejándose del presente, del aquí y el ahora.

Hay que cesar los pensamientos que proyectan eso sentimientos que dañan, perjudican la capacidad y disposición a ser felices, hay que reconocerlos, aceptarlos, interpretarlos, balancearlos, superarlos, sanarlos y dar la vuelta a la hoja para empezar a escribir una nueva historia.

FRASE: EL RESENTIMIENTO NOS ATRAPA EN EL PASADO, ALETARGA LAS EMOCIONES Y NOS PARALIZA, AISLANDONOS DEL PRESENTE. HAY QUE APRENDER A SOBREVIVIR A LOS HECHOS PARA NO SER VICTIMA.

Los resentimientos condenan a vivir en el pasado, sin darse cuenta se enfocan en estos tres puntos:

1. **Todo lo comparan con lo sucedido anteriormente:** se predisponen con las personas y los momentos actuales encajonándose de tal manera que se les hace imposible avanzar, impidiendo ver las oportunidades nuevas de forma correcta, por ejemplo:
   - una relación de pareja fallida les hace pensar, que todos los hombres o mujeres son iguales,
   - si la primera clase de una asignación le es complicada o todos le dicen que lo es, termina por decretarlo como cierto.

2. **Dificultad de concentrarse en un tema actual:** al momento de debatir una situación presente, se está constantemente saltando entre pasado, presente y hasta futuro.
   También dejan de manifiesto su inevitable reflejo de avocarse a lo sucedido anteriormente, generando reproches sin sentido y culpando a otros de lo sucedido, sin comprender que los ciclos del pasado se deben cerrar para poder resolver los problemas actuales con sus propias características.

3. **Estar constantemente pensando en lo que se debió haber hecho o dicho en un momento determinado:** sin comprender que ya paso y no se puede cambiar, que lo único que se tiene es el presente para construir el futuro, el pasado solo sirve para aprender.

Las heridas emocionales también duelen pero sanan, dejan cicatrices como todas las batallas, pero se superan, dejan aprendizaje como todas las vivencias, pero los hacen fuertes.

Lo que corresponde es dar ese paso hacia adelante, levantar la voz, la frente, la mirada, reclamando lo que por derecho les pertenece, el derecho inalienable a ser feliz, sin avergonzarse, sin remordimientos y por fin sin resentimientos, sabiendo que todo ese pasado construye el hoy y el hoy les pertenece, el presente es suyo y depende de lo que hagan con él, para construir su futuro.

Son aleccionadores cada una de las experiencias vividas, aunque de un primer instante se puede considerar que no es así, está más allá del optimismo o pesimismo infundado, generalmente se puede observar en lo longitudinal de las emociones cuando el tiempo haga su trabajo.

FRASE: LA MENTE SE PUEDE ENGANCHAR EN LOS RECUERDOS DOLOROSOS O EN LOS PROYECTOS DE UN MEJOR FUTURO.

b. GENERACION DE PENSAMIENTOS VENENOSOS

Son una serie de pensamientos que predisponen la conducta generando situaciones extremas ya sea con pensamientos de venganza o con pensamientos saboteadores.

• **LOS PENSAMIENTOS DE VENGANZA**: Esto sucede cuando se da riendas sueltas al deseo de hacerle daño a las demás personas, al convencerse de que alguien tiene pagar la deuda por el mal que les ocasionaron, sean culpables o inocentes de lo que les hicieron, pensando egoístamente que todos son responsables, culpables o cómplices por obra o por omisión.

FRASE: EL DOLOR INTENSO EN EL TIEMPO, SUMADO A LA IMPOTENCIA PUEDE CONVERTIRSE EN IRA HACIENDO QUE PASEMOS DE VICTIMAS A VICTIMARIO.

El aferrarse a esas ideas hace que se desarrolle la creencia de tener el deber y derecho a hacer justicia por cuenta propia (venganza) a sabiendas que no es el mejor camino para sanar y superar una situación conflictiva, ocasionando un agotamiento emocional y físico además de la pérdida de un tiempo valioso es decir nos estancamos en diferentes cosas que solo nos deshumanizan cada día más y hace que perdamos el enfoque coherente, le damos el mismo valor a las cosas superfluas como las cosas valiosas.

Lo más valioso es su persona, su derecho a vivir en paz y buscar su felicidad.

FRASE: LA VENGANZA ENVENENA EL ALMA, CARCOME LA MENTE, CORROE EL CAMINO, OSCURECE LAS IDEAS Y ENSUCIA EL ACTUAR.

• LOS PENSAMIENTOS SABOTEADORES:
Muchas veces se encuentran frente a oportunidades, toma de decisiones, proyectos nuevos o algún cambio a la rutina que puede ofrecer beneficios económicos, profesionales, personales o en su efectos emocionales; pero les invaden pensamientos negativos que les hacen sentirse víctimas del entorno, auto-victimizándose, dejándose atrapar por el monstruo de la zona de confort, los prejuicios, recuerdos pasados, etc. evitando que tomen riesgos por mínimos que parezcan, logrando así que permanezcan por años como una foto, haciendo lo mismo al pasar del tiempo aunque no les llene como persona o como profesional, impidiendo el disfrute de su existencia.

Los pensamientos saboteadores encuentran su soporte, evadiendo los compromisos, rehuyendo a la realidad, esquivando las oportunidades, evitando ponerse a prueba para poder justificar su accionar o su falta de acción al culpar a todo y a todos (personas, cosas), a la existencia (suerte, supersticiones) y a la religión (Dios, Universo) y así seguir eludiendo la responsabilidad de tomar el mando, control y autoridad de su vida.
FRASE: EL DESTINO ES EL QUE BARAJA LAS CARTAS, PERO NOSOTROS SOMOS LOS QUE JUGAMOS. (William Shakespeare).

Por más ilógico que parezca, muchas veces se puede auto-sabotearse, a través de pensamientos derrotistas, conformistas, limitantes, en definitiva pensamientos negativos que se ven manifestados en desconfianza y desmotivación, impidiendo una inserción a un mundo de oportunidades.

c. SU COMPORTAMIENTO REFLEJA BAJA AUTOESTIMA
• Cuando se carece de un auto-concepto fuerte se permite que el amor propio se vea influenciado por opiniones externas.

• Cuando se es víctima de algún tipo de abuso se puede encapsular en ese título y se empieza a menospreciar como persona, a dudar de su propio potencial como ser humano.

• Cuando se encuentra frente a un juicio negativo se puede comprar la idea de que se tiene algún defecto, que se es deficiente, deforme, raro o que se está malogrado, imperfecto o se es anómalo.

Esta carencia de un auto-estima fuerte se ve reflejada en:

• **UNA CONSTANTE NECESIDAD DE ACEPTACIÓN:** su necesidad de ser aceptado lo obliga a validar todos los conceptos, opiniones y rumores que dicen los demás de su persona. Si estos comentarios son negativos hacen que el amor propio se vea reducido a la mínima expresión.

Esta necesidad hace que acepten condiciones no favorables para ellos, que los hieren hasta ser humillados como personas solo por pertenecer y sentirse aceptados o no sufrir el acoso, abuso o bullying.

• **EL AISLAMIENTO DEFENSIVO:** es un reflejo de su inseguridad y miedo al rechazo también un mecanismo de defensa huyendo de las burlas colectivas y públicas como de una realidad que sólo lo lastima. Oprime y reprime su sentimiento natural de formar parte de algo y se aíslan de las personas y grupos cercanos, cayendo en un estado de negación total y encierro o tabú del tema, creyendo fielmente que si lo niegan lo suficiente o se ocultan la situación desaparecerá.

También suelen sentirse abandonados o incomprendidos, razón por la que deciden alejarse y poner distancia con todos, incluyendo de aquellos que muestran un interés sincero en quererles ayudar, pues tienen vergüenza o desconfianza, sentimientos que les imposibilita acercarse y aceptar o pedir ayuda.

• **LA FALTA DE PROYECCIÓN:** al sentirse agobiado y solitario tienden a no ver más a allá de la situación actual, es por eso que no se proyectan en el futuro, se encierran en un presente que aborrecen y les lastima, es común que les cueste tanto pedir ayuda, pues no creen en un mañana mejor, con el poder de transformar y cambiar las cosas de manera positiva con resultados a su favor.

• **LA FALTA DE FE:** tienen desconfianza de todo y de todos, hasta de ellos mismos, al haber sido lastimados piensan que nadie les puede ayudar y si creen en un ser supremo se cuestionan porque permite que le suceda lo que los atormenta.

Pierden la fe en las personas, en la vida como tal y en un futuro mejor, juran que todos se van a burlar, lastimar, cuestionar o culparles por lo sucedido, es en ese momento donde empiezan los pensamientos auto-destructivos y desgastantes que conllevan y orillan a los sentimientos de venganza y el suicidio, razones por las que sienten el deseo de terminar con todo y con todos, dando pie a la toma de malas decisiones.

• **SENTIMOS AUTOCOMPASIÓN:** Esto ocurre cuando se minimizan y se disminuyen como ser humano, generando un desgaste emocional por permitir que la negatividad se apodere de ellos, es común escucharles frases como:
1. ¡pobre de mí!,
2. ¡yo siempre he tenido mala suerte!,
3. ¡pareciera que nací para sufrir! Y,
4. ¡porque siempre me pasan cosas malas!, ¿qué hice? O ¿qué estoy pagando?

Esta forma de pensar los hace mantener los ojos cerrados a las oportunidades al sentir que no merecemos las cosas buenas.

C. LOS PASIVOS

Son aquellos que deciden tomar una actitud de indiferencia o silenciosa frente a cualquier forma de abuso, acoso o bullying de la que ellos son testigos o tienen algún conocimiento. Sin darse cuenta, poco a poco se deshumanizan y se convierten en cómplices involuntarios al decidir darle la espalda a las víctimas dejándolos solos, desamparados y con miedo, permitiendo que se conviertan en una estadística más.

FRASE: LO MÁS ATROZ DE LAS COSAS MALAS DE LA GENTE MALA, ES EL SILENCIO DE LA GENTE BUENA. (Gandhi)

Las actitudes pasivas se llevan a cabo porque:
- Prefieren voltear la cara y mirar hacia otro lado, tratando de ignorar la realidad.
- Cuando ocurre en la familia se toma la postura de una negación total o por vergüenza a los comentarios deciden ocultarlo.
- Hacerse los que no saben, porque no les dicen directamente o porque lo niegan.
- Creer que no están grave, que el **Bullying** siempre ha existido y ya pasará.
- Por temor a alguna represaría contra su familia o a ser agredido si accionan en contra del acosador, optan por no intervenir o prevenir el **Bullying. Es importantísimo saber que hoy en día existe las denuncias anónimas, precisamente para evitar las represarías y los conflictos contra el denunciante.**
- Por pertenecer a un grupo o moda, apoyan ese acoso aunque no participen directamente de él o no compartan los fundamentos que lo originan, prefieren justificarlo y callar.
- Porque la salida más fácil y sencilla siempre será guardar silencio.
- Buscan justificación a su no acción culpando a la víctima simplemente por ser diferente a lo que ellos establecen como un patrón o lo que es ser normal.
- También culpan a la víctima por permitirlo, no acusarlos o según ellos provocarlos.
- Sin dejar de mencionar que prefieren tomar la mejor foto o video para ser el primero en subirlo a las redes sociales y ser populares.
- Por un profundo desinterés por el prójimo y falta de una genuina solidaridad, al pensar que jamás nosotros o unos de nuestros seres queridos puede estar en una situación igual. (La creencia de que a mí nunca me va a pasar).

FRASE: EL PEOR PECADO HACIA NUESTROS SEMEJANTES NO ES ODIARLOS, SINO TRATARLOS CON INDIFERENCIA; ESTO ES LA ESENCIA DE LA HUMANIDAD. (William Shakespeare)

Muchas veces se contribuye de forma indirecta haciendo comentarios de pasillos o compartiéndolo y promoviéndolo por las redes sociales.

Normalmente no conocen todos los componentes de la historia y aun así lo cuestionan, lo toman como válido con una sola parte de la información, convirtiéndose cómplices de la desinformación, lo hacen sin pensar, sin medir consecuencias, daños emocionales, solo porque todo lo reenvían y lo comentan, por eso ellos también lo hacen.

APLIQUEMOS EL LEMA DE VIDA:
SI NO TENEMOS NADA BUENOS QUE DECIR DE ALGUIEN, NO DIGAMOS NADA.

Este mundo necesita y tiene hambre de personas que no estigmatice a sus semejantes y que muestren un compromiso compasivo por su entorno, más que guardar silencio hacernos eco de la injusticia y procurar despertar el sentido de justicia que viene inmerso en nosotros desde nuestra niñez.

Algunas de las cosas que se puede hacer para no ser participe o fomentar el BULLYING son:

- No compartir por redes sociales contenido que puede lastimar a alguien más.
- No publicar informaciones negativas de otras personas.
- No provocar las burlas, rumores de pasillos, ni participar de chismes mal intencionados.
- No mostrarse indiferente hacia el dolor ajeno y aplicar la empatía.
- Frente a una situación agresiva, de golpes o abuso físico se debe solicitar ayuda policial hasta de forma anónima si es necesario para evitar represarías.
- Si se amerita pedir ayuda o comunicar la situación a una persona idónea, hacerlo. Llámese ayuda médica o judicial.
- Valorar a las personas por su esencia natural y no por lo que poseen o representan.
- Creer fielmente que todos los seres humanos somos igualmente diferentes y la equidad es parte de eso.
- En vez de ser partícipe de un mundo que excluye, divide, separa y coloca fronteras imaginarias entre las personas, buscar la unidad y si no se logra la aceptación que funcione el respeto.

FRASE: ME SIENTO TAN CULPABLE SI ME QUEDO SENTADO CUANDO SÉ QUE PODRÍA ESTAR HACIENDO ALGO. (Michael Jackson)

PUNTOS A CONSIDERAR:

- Si se tiene una conducta dañina, se puede hacer un alto, reflexionar y tener presente que nadie tiene el derecho de lastimar a otros, además siempre se está permitido dar el primer paso y cambiar.

- Si se reconocen estos defectos de carácter en personas a su alrededor se debe empezar a poner distancia y lograr que su accionar no tenga repercusiones en ustedes.

- Si se sabe de alguna persona que está dañando a otra, no voltear la cara y ser pasivos, siempre existe la manera diplomática de hacerle llegar la información necesaria a la persona afectada para que pueda salir de esa situación, buscar ayuda y entender que no está sola, ni es la primera, ni la única persona que padece algo así.

- Si se reconoce estas conductas destructivas, en alguien cercano a nosotros, cumplir con hacerle saber que existen formas de conseguir ayuda, pero si esta persona no tiene la voluntad de trabajar para hacer el cambio significativo, no sentirnos culpables ni tampoco responsables por su accionar.

- Existen leyes que amparan a las personas que sufren abuso y acoso para facilitar el distanciamiento social y alejarlos lo más posible hasta que se logre un acuerdo pacífico o se pueda aplicar una "SANA DISTANCIA".

FRASE: LAS LÁGRIMAS MAS AMARGAS DERRAMADAS SOBRE TUMBAS SON POR LAS PALABRAS QUE NO SE DIJERON Y POR LOS HECHOS QUE NO SE HICIERON. (Harriet Beecher Stowe)

Se nace libre por derecho y es un deber ejercerlo, sin afectar la libertad de otros, aceptando, respetando y tolerando las diferencias que los hace humanos.

FRASE: EN EL DERECHO ESTÁ IMPLÍCITO EL DEBER.

EL BULLYING, EL ACOSO Y EL ABUSO SÓLO DEJAN DIVISIÓN, RESENTIMIENTOS, AGRESIÓN Y DESHUMANIZACIÓN. EN NOSOTROS ESTA AFERRARNOS A UNA COEXISTENCIA PACÍFICA Y ESTABLE CUYA VIAVILIDAD SE SUSTENTA EN EL RESPETO A LA INTEGRIDAD, PLURALIDAD Y DIVERSIDAD HUMANA.

"HAGAMOS QUE IMPORTE"

Capítulo 2
A.
Romper el Ciclo
Poner fin a las Etapas
Perdonarse
Educación Generacional
Para convivir en una
Sociedad Intergeneracional
B.
Educación Generacional
Sociedad Intergeneracional
Hijos de la Tecnología
También es importante
un Sistema Auto-Inmune
Contra el Bullying
Autoconocimiento
Autocontrol
Autoestima
Emocional
Fisica
Autogestión
Automotivación
Autoimagen
Autonomía
Autoconcepto
Mental
Autocrítica
Auto Aceptación
Autoaprobación
Autoadministración
Enseñar los Beneficios
de la Aceptación
Aceptar la Situación
Aceptar el Problema
Aceptar quien es
Aceptar su lugar
Aceptarse a sí mismo
Aceptar las Criticas
Aceptar el Emociones
Aceptar que hay tristeza y dolor
Aceptar las Fracturas
Aceptar las Diferencias y
Respetarlas
Hijos de la Tecnología
C.
Buscar Ayuda
Respetar la ayuda Psicológica
Grupos de Autoayuda
Centros de Rehabilitación o Albergues

CAMBIOS QUE DEJAN HUELLA

Cuando las cosas son importantes de verdad, por lo general no se postergan y se empiezan a tomar cartas en el asunto de forma inmediata, se es capaz de aceptar medidas radicales para lograr cambios transcendentales en la sociedad y así terminar con ideas y costumbres que lastiman y dividen a las personas. Es ahí donde nace la responsabilidad, el deber y el derecho de hacer todo lo necesario para lograr eliminar el abuso, acoso y bullying de esta generación y de las venideras; para poder disfrutar de un mejor presente y un futuro próspero, con una sociedad sin resentimiento, con igualdad de oportunidades y una libertad que no lastime la de los demás, con una mente abierta, de una juventud con valores alejada del libertinaje y la discriminación en todas sus formas, que tanto daño ha ocasionado.

FRASE: EL CORAJE NO ES TENER LA FUERZA PARA SEGUIR ADELANTE, ES SEGUIR ADELANTE CUANDO NO TIENES LA FUERZA. (Napoleón Bonaparte)

Entre las herramientas que se puede emplear para iniciar de forma simple y constante cambios que creen una ambiente sano y equilibrado para todos son:

A. Romper el Ciclo.

B. Educación Generacional, Sociedad Intergeneracional, Hijos de la Tecnología.

C. Buscar Ayuda.

D. Establezcamos Códigos de Conducta.

E. Desarrollar la Resiliencia.

F. Tener un propósito superior.

G. Conectarse con su fe.

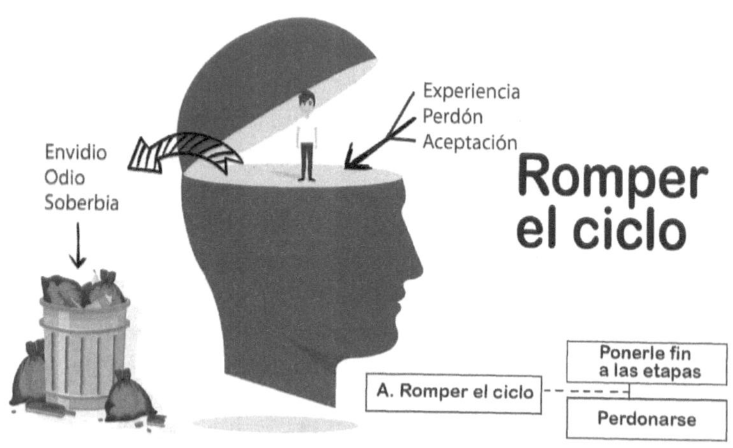

A. ROMPER EL CICLO

Muchas veces cuando se es víctima de una situación de abuso físico, emocional o psicológico con el paso del tiempo la víctima se puede convertir en agresor. Esto suele suceder si se encierra y aísla del mundo exterior, interiorizando profundos sentimientos y pensamientos de tristeza, impotencia, frustración por las agresiones, bullying o cualquier otra forma de abuso y acoso que se haya sufrido en un momento determinado de la vida; guardando y manteniendo vivo en la mente y corazón todo lo ocurrido, sin darle paso a la sana recuperación.

FRASE: SI PASAS POR EL INFIERNO, SIGUE ADELANTE. (Winston Churchill)

Es frecuente exteriorizar este resentimiento con profundas explosiones de enojo, furia, ira y rabia ya sea por conductas aprendidas o por creer fielmente que alguien tiene que pagar o es culpable de lo sucedido.

Estas reacciones lastiman a los demás, sin embargo tienden a repetirse los patrones de conductas convirtiéndose en eso mismo que se aborrece, accionando de esa misma manera negativa y dañina para todos ya sea por venganza, por imitación o por supervivencia.

FRASE: LA MEJOR VENGANZA Y MAYOR VICTORIA ES DEJAR DE SER VICTIMA, APRENDER A REIR, SOBREVIVIR AL PASADO, CONVERTIRSE EN SU PROPIO HEROE Y SER FELIZ.

Hay que permitir al malvado cargar su culpa, no hay que otorgarle a ese individuo el poder de seguir lastimando y causando daño a través de la víctima, no hay que regarle la libertad de interferir en las vidas que dañaron, se debe recuperar el rumbo normal dentro de lo posible, se debe demostrar que se es diferente al agresor.
FRASE: NO LE ENTREGUEN MÁS AL AGRESOR DE LO QUE YA LES ROBÓ.

Es momento de pensar por sí mismo, se debe colocar en primer lugar y ponerle final a ese ciclo de abuso, ya sea rompiendo el silencio, buscando ayuda con algún profesional del área o convirtiéndose en la persona que extiende la mano amiga.
FRASE: SIEMPRE SE PUEDE RECONSIDERAR LAS IDEAS Y EJEMPLOS QUE RECIBIMOS AL NACER Y CRECER, SIMPLEMENTE TOMANDO NUEVAS DIRECCIONES EN BASE A UN CRITERIO PROPIO.

Es importante señalar que la sanación física se maneja con un rango de tiempo muy diferente a sanar psico-emocionalmente, ésta última conlleva mucho más tiempo y dedicación, así como apoyos externos es por eso que una parte trascendental para poder romper con patrones de conducta es aprender a ponerle final a ciertas etapas de la vida, para dejar atrás las cosas que puedan lastimar, ya sea a la víctima o a otras personas a su alrededor, logrando madurar y ser funcional en sociedad.
FRASE: LAS HERIDAS QUE NO SE VEN SON LAS MÁS PROFUNDAS. (William Shakespeare).

• PONERLE FIN A LAS ETAPAS
La vida está compuesta por diferentes fases, lapsos o periodos desde que se nace hasta el momento de la muerte, sin embargo cuando se menciona lo de cerrar ciclos básicamente se refiere

a etapas, momentos, acciones y personas a las que no es sano aferrarse. Se debe saber dar por terminado cada una de ellas y dar vuelta a la hoja sin la necesidad de estar constantemente retrocediendo emocionalmente.

Nunca es bueno apegarse a nada, pues la vida es impredecible y nada ni nadie es para siempre ni indispensable, es muy común personas que se aferran a otras y llegan a creer que su vida depende de esa persona, faltando a su independencia natural.

También por temor al cambio, por falta de confianza y por comodidad no se termina con etapas de la vida que obligan a crecer, madurar y adquirir responsabilidades.

FRASE: NOS NEGAMOS A CRECER PORQUE SIEMPRE SERÁ MÁS FÁCIL TENER A QUIÉN CULPAR SI ALGO SALE MAL O TENER QUIÉN SEA RESPONSABLE DE QUE TODO SALGA BIEN.

Otro de los puntos que se debe abordar es el perdón, pero solo el que se refiere al YO, ya que uno debe considerarse, creerse y sentirse la persona más importante, "PRIMERO DEBE ESTAR BIEN UNO PARA PODER ESTAR BIEN CON LOS DEMÁS", "NO SE PUEDE DAR LO QUE NO SE TIENE" son algunos de los ejemplos que se pueden mencionar.

• PERDONARSE

Es muy común sentir enojo o molestia de forma personal al ser sometido a diferentes tratos de discriminación y abusos durante la vida, acumulando esos sentimientos de frustración e impotencia que son traducidos en aislamiento y enojo permanente.

Estas creencias surgen de:

- Por creer que uno no se defendió o no fue protegido, ni se les resguardaron sus derechos individuales.
- Por callar y prolongar una secuencia de abusos.
- Por no atreverse a afrontar las cosas y tomar acciones, esto lo hace sentir responsable o culpable.
- Por permitir que cosas ajenas a su voluntad ocurrieran afectando su identidad y entorno.
- Por sentir que merecemos lo que nos pasó, por ser diferentes y avergonzarnos de quienes somos.

- En definitiva, por tener miedo.

Esto crea un sentimiento de culpa agobiante, impidiendo un correcto enfoque que le libere de la responsabilidad y culpa sobre las acciones de otros.
Cuando se deslinda de las personas y se reconoce que solo se puede ser responsable sobre sus propias acciones, se inicia el camino hacia el auto- perdón.

Otra razón por la que se debe auto-perdonarse, es si ha podido dañar a alguien y eso es una realidad, aunque sea consciente o no del hecho, por eso es necesario que hagamos un examen de consciencia para realmente hablar de una asepsia emocional y mental de manera personal.

Negar que uno se equivoca es negar su naturaleza humana, es querer ocultar la esencia de venir a este mundo a aprender desde el principio hasta el final de los días, sin embargo a medida que se crece se dificulta cada vez más aceptar esta condición, se busca ser perfectos y cuando uno comete un error se es extremadamente estricto al momento de juzgarse o muy habilidoso para ocultarlo, negarlo o transferir la culpa a otros, es por eso que cuesta mucho perdonarse.

También se puede aplicar el auto-perdón cuando no se está completamente satisfecho con el resultado que ha obtenido en la vida y al mirar atrás se piensa que se pudo hacer todo diferente. Se debe tener presente que el hoy le pertenece y puede empezar ya a trabajar en hacer las cosas bien.
Hay que desechar la costumbre de compararse con otras personas, midiendo el éxito a través de ellos, sin recordar que cada persona es diferente en su esencia y realidad, haciéndolos diferentes e independientes en sus vida.

Es trascendental ser capaz de perdonarse, reconociéndolo como una forma de sanar las heridas, cuyo único beneficiado es uno mismo, de esta manera se aprende a aprender y a reaprender, haciendo posible disfrutar el viaje al cual se le llama vida.

FRASE: *EL DESTINO NO ES NUESTRO MAESTRO, LA TRAYECTORIA ES LA QUE NOS ENSEÑA A MAXIMIZAR NUESTRAS BONDADES.*

Es importante señalar que esto no significa que se va a estar haciendo daño uno mismo o a los demás para luego querer ser indulgente y justificar dichas acciones que se hicieron con consciencia del hecho y sus consecuencias, hay que tener presente que perdonarse implica un arrepentimiento real y absoluto con el sincero compromiso de no volver a caer en el mismo error y evolucionar.

FRASE: *EL QUE PECA Y REZA EMPATA.*

El perdón que involucra a otras personas debe ser tratado con ayuda y orientación de especialistas, pues el dolor y las emociones varían de persona a persona y la única finalidad debe ser para sanar y no revivir heridas. Este fin debe lograrse de forma segura y viable para todos los implicados.

B. Educación Generacional Sociedad Intergeneracional. Hijos de la Tecnología

B. EDUCACIÓN GENERACIONAL, SOCIEDAD INTERGENERACIONAL, HIJOS DE LA TECNOLOGÍA

B.1 EDUCACIÓN GENERACIONAL PARA CONVIVIR EN UNA SOCIEDAD INTERGENERACIONAL

La Educación Generacional sólo la mencionaremos como la flexibilidad para mantener los fundamentos esenciales, a la vez que se establecen estructuras educativas abiertas, amplias y aplicables al tiempo o generación actual.

La sociedad intergeneracional va más allá del respeto implícito que se les debe a las personas mayores por su experiencia y servicio. La sociedad intergeneracional implica los diferentes puntos de vista sobre un mismo tema, por ejemplo:

- Según el momento de la historia en que se aborde el tema.
- Influye la educación generacional recibida por esa persona.
- La crianza inculcada.
- Las creencias arraigadas.
- Los prejuicios propios de la época.

Estos factores interfieren en la forma de interpretar los hechos y la aceptación de los mismos. Ahí radica la importancia de la educación intergeneracional.

Los cambios profundos de la sociedad han sido el resultado de una generación, que se alzó en su lucha para defender un punto de vista específico sobre un tema en controversia, logrando abolir ciertas formas de pensar y legislar sobre el tema.

Es casi utópico pero es indispensable mencionar que la mejor forma de debatir las cosas es en una mesa con un diálogo abierto donde se respeten todas las opiniones sin prejuicios y se decida bajo el paraguas del bien mayor, donde no tenga que existir víctimas para lograr llamar la atención de los involucrados y que la sociedad en sí voltee la mirada hacia la realidad actual.

***FRASE: EL COMIENZO DEL FIN DE LA VIDA OCURRE EL DÍA EN EL CUAL GUARDAMOS SILENCIO ANTE LAS COSAS QUE IMPORTAN.* (Martin Luther King)**

La educación se posiciona como una de las herramientas más importante y fundamental para poder combatir, corregir hasta erradicar el abuso, acoso y bullying en la sociedad, logrando bases fuertes en la formación y el compromiso con la responsabilidad compartida de todos los actores de la sociedad.

Uno de los beneficios más remarcado es el amor a la convivencia pacífica y el respeto recíproco entre los ciudadanos, además de una fortaleza de carácter permitiendo que la resiliencia frene los daños causados.

FRASE: NO ES EL MÁS FUERTE DE LAS ESPECIES EL QUE SOBREVIVE, TAMPOCO ES EL MÁS INTELIGENTE EL QUE SOBREVIVE. ES AQUEL QUE ES MÁS ADAPTABLE AL CAMBIO. (Charles Darwin)

Para mitigar el efecto del BULLYING en los niños y niñas se debe lograr que sean emocionalmente seguros, para ellos hay que:

- Hacerles saber a los niños y niñas que no están solos y cuentan con sus padres o protectores, que se les acepta y se les ama tal cual son.

- No permitir que los hijos se acostumbren a no extrañar física o emocionalmente a sus padres.

- Dedicarles tiempo de calidad al momento de estar con ellos, donde se puede compartir sus aventuras y problemas en la justa dimensión de su edad, respetando que para ellos es su mundo aunque para los demás se vea pequeño.

FRASE: ENSEÑARÁS A VOLAR, PERO NO VOLARÁN TU VUELO.
ENSEÑARÁS A SOÑAR, PERO NO SOÑARÁN TU SUEÑO.
ENSEÑARÁS A VIVIR, PERO NO VIVIRÁN TU VIDA.
SIN EMBARGO, EN CADA VUELO, EN CADA VIDA, EN CADA SUEÑO, PERDURARÁ SIEMPRE LA HUELLA DEL CAMINO ENSEÑADO. (Madre Teresa de Calcuta)

- Aplicar la empatía para que no sientan que simplemente no se les entiende, sacar del vocabulario la frase "son de otra generación" y no darla como excusa para sólo juzgarlos, una forma de hacerlo es ser parte de sus contactos en las redes sociales, conocer con quién chatean y el contenido de lo que revisan en internet y así poder comprender más su mundo.

- Que sientan un genuino interés por ellos y sus cosas, que son importantes, es necesario conocer a sus amigos, sus nombres, entorno, edades, los lugares que frecuentan y que cosas son las que más les atraen y les gustan.

- Que una ausencia física por compromisos laborales no intervenga en la relación padre e hijos provocando una distancia emocional, indiferencia o indolencia, esto se puede evitar acercándose con la tecnología, con pequeños detalles que muestran que siempre están presentes en la mente y corazón, aunque hay que recordar que nada reemplaza la presencia física.

- El mejor antídoto anti-BULLYING es la autoestima alta, en base a un enriquecimiento diario nutrido de confianza, seguridad y amor.

FRASE: ES MÁS FÁCIL CONSTRUIR NIÑOS FUERTES QUE REPARAR UN HOMBRE ROTO. (Frederick Douglass)

- Inculcarles un Sistema de Honor y Valores permitiéndoles proceder sobre las bases del respeto a su persona y a los demás.

FRASE: TODOS AMAN LA VIDA, PERO EL HOMBRE VALIENTE Y HONRADO APRECIA MÁS EL HONOR. (William Shakespeare).

- Los padres deben aprender a:
  - **ESCUCHAR** *con la mente y el corazón abierto,*
  - **ENTENDER** *con una sincera empatía y*
  - **ATENDER** *con acciones que fortalezcan la confianza beneficiando las comunicaciones futuras.*
- Aprender a escucharles sin espantos, escándalos o cuestionamientos incisivos sobre el proceder y pensar de esta generación. Se debe recordar siempre que se es padre, tutor y maestro para guiarlos, sugerirles y aconsejarles, no son sus jueces para condenarlos ni sus amigos para solaparles todo.
- Generar la confianza que cada una de las acciones y correcciones que se ejercen se hacen desde el amor, para hacerles personas de bien.

FRASE: NO HAY DUDA DE QUE ES ALREDEDOR DE LA FAMILIA Y DEL HOGAR QUE LAS VIRTUDES MÁS GRANDES, LAS MÁS DOMINANTES DE LOS SERES HUMANOS, SE CREAN, SE FORTALECEN Y SE MANTIENEN. (Winston Churchill)

Recomendaciones para una buena relación tutor y menor:
- Aceptar que es otra época con otra realidad y con necesidades diferentes, con sus propias características, problemas y crisis.
- Eliminar las críticas y prejuicios comparativos sobre los cambios actuales o sobre que época fue mejor.
- Adaptarse al uso bien orientado de la tecnología convirtiéndola en una aliada.
- No etiquetar a las generaciones con ciertas características que descalifica y minimizan los esfuerzos actuales.
- Tener mente amplia: permitiendo relacionarse de forma sana con personas de diferentes generaciones y obtener una sociedad con una educación intergeneracional que coexisten en paz.

FRASE: LA EDUCACIÓN ES UN ASPECTO FUNDAMENTAL EN LA VIDA DE CUALQUIER PERSONA, SIN ELLA SOLO SOMOS UNA SOMBRA DE LO QUE PODRÍAMOS LLEGAR A SER. (Julio César)

B.2 TAMBIÉN ES IMPORTANTE UN SISTEMA AUTO-INMUNE CONTRA EL BULLYING.

Un sistema auto-inmune contra el bullying será la interpretación de los autos (YO), que se puede ver en cada una de las acciones y reacciones según sea el caso, forman parte fundamental de nuestra personalidad reflejando los sentimientos y funcionamiento en base a ellos.

A continuación se mostrará algunos autos (YO) muy comunes con definiciones generales, que deben ser aplicadas por cada padre o tutor según sea el caso de su hijo o hija:

• **Auto-conocimiento:** se refiere al reconocimiento de la parte emocional, como seres humanos las emociones forman parte integral, se tiene que aceptar, no negarlas, ni bloquearlas.

Una de las formas más sencillas de empezar es:

    a.   Reconocerlas: ¿cómo me siento? ¿estoy triste, feliz, tengo ira?,

    b.   Identificarlas: es ponerle el nombre correspondiente,

    c.   Aceptarla: ahora acepte que me siento así,

    d.   Preguntarnos: ¿lo que siento me hace bien o mal? y

    e.   Gestionarla: es manejar la reacción frente a ese sentimiento para obtener un beneficio.

• **Auto-control:** la falta de control se ve reflejado en los impulsos o acciones no razonadas, que no miden consecuencias, ocurre mucho cuando no se ha madurado emocionalmente y se tiende a reaccionar, luego es muy común sentirse mal y tener vergüenza por lo ocurrido.

Cuando se adquiere consciencia de quien eres y porque se es así, se empieza a encontrar el origen de las emociones ahondando en las creencias, sembrando la semilla del entendimiento emocional, logrando así ser más prudente permitiendo regular y balancear las emociones mientras se mantiene la calma, sin restarle importancia al hecho de darse la oportunidad de dejar salir las emociones pero asegurándose de no lastimar a nadie, incluyendo a uno mismos.

• **Auto-estima en la parte emocional:** esto trata sobre el amor que se tiene hacia uno mismos, el valor que se da como persona, a su vez se ve reflejado en las relaciones humanas que se tiene, dependiendo si son sanas o no.

Según el amor propio se puede establecer límites, determinar que tanto influye en lo que se piensa la opinión de alguien más.

Algunas preguntas simples:

¿me amo?,	¿cuánto me amo?
¿Qué hago para mostrármelo?	¿me consiento debes en cuándo?
¿me siento bien conmigo mismo?	¿Disfruto de mi compañía?
¿me siento bien con quién soy?	¿Me acepto realmente?

También un ejemplo simple, es no aferrarse a nada ni a nadie.

En la parte física: tiene que ver con el respeto, cariño y el cuidado con que se trata el cuerpo, el amor al ser tal cual es, se ve reflejado en la higiene, pulcritud y presentación personal.

Evitar en todos los grados lastimarse y lacerarse, Ejemplo: ¡Yo! Me cuido muchísimo, pero no cuido la hora de mis comidas, tampoco la calidad o cantidad de mis alimentos, me desvelo, me da lo mismo peinarme o no, entre otros ejemplos.

Tiene que ser el guardián de su cuerpo, debe comprender que el cuerpo es el templo del alma por eso hay que protegerlo y cuidarlo por dentro y por fuera.

FRASE: AMAR A TU PRÓJIMO COMO A TI MISMO. (2do gran mandamiento dados por Jesús).

• **Auto-gestión:** después de reconocer las emociones, de saber cómo los hace sentir, se puede con voluntad y acción empezar a aceptarlas, entenderlas, balancearlas y así lograr gestionarlas.

Gestionarlas es la forma más sencilla de tomar de decisión de modificar, con soluciones específicas, aquellas emociones que perjudican, hasta lograr de forma asertiva objetivos claros y efectivos traducidos en un mejoramiento emocional concreto".

FRASE: CUANDO APLICAMOS UNA AUTOGESTIÓN EMOCIONAL NOS SENTIMOS EMOCIONALMENTE SEGUROS.

• **Auto-motivación:** muchas personas creen que es tan simple como ser su propio motor, su impulso, sin embargo va más allá, es cuestión de autoconfianza, de fe y convicción en una decisión que se ha tomado. Es mantener la decisión independiente a los resultados adversos y si hay opiniones encontradas se sigue sustentando los proyectos con argumentos coherentes y positivos.

• **Auto-imagen:** La imagen es lo que perciben las demás personas, lo que se refleja en cada una de las acciones, la auto-imagen es mucho más allá de la imagen física como se suele creer, es por eso que se debe lograr igualar lo que uno piensa que es con lo que la gente percibe.

    a.   Conciencia de nuestros actos.
    b.   Integridad en valores.
    c.   Seguridad en todos los ámbitos.
    d.   Imagen física, (limpieza y vestimenta inteligente).
    e.   Imagen mental.

La autoimagen llega a ser igual a la imagen externa cuando unificas:

Lo que creo que soy = a lo que ellos creen que soy.

Lo que creo que ven en mi = lo que ellos ven en mí.

Ejemplo: Yo creo que soy fuerte y estricto = ellos creen que vivo enojado y molesto

Creo que ven alguien profesional = ellos ven a alguien intransigente.

FRASE: LA IMAGEN INTERNA Y EXTERNA SON NUESTRA COMUNICACIÓN NO VERBAL, SON NUESTRO DISCURSO SILENCIOSO.

• **Autonomía:** es el derecho de decidir con voluntad, criterio independiente y opinión propia, según la razón y conocimiento de causa, para actuar en libertad sin interferencia de nadie más.

La autonomía aborda varios peldaños como la autonomía personal, la autonomía profesional, la autonomía económica, la autonomía social entre otras.

• **Auto-concepto: es la parte mental,** tiene que ver con el concepto que se tiene de uno mismo, el pensamiento, la idea y definición como persona, cuando se mira en el espejo más allá de lo físico ¿que ve?

Esa conexión o interrelación entre sí, de las ideas que se tiene de uno mismo determinan y definen la personalidad.

• **Auto-crítica:** cada uno conoce su propio proceder, es por eso que puede intentar engañar a todos menos a uno mismo, cada quien es su juez más asertivo pero también el más severo, debe procurar ser objetivo, por eso la importancia de ser equilibrado, pues ningún extremo es bueno, siempre en la auto-crítica constructiva nunca destructiva.

FRASE: EL CRECIMIENTO PERSONAL NO ESTA EN COMPETIR EXTERNAMENTE SINO EN SUPERARSE A SI MISMO CONSTANTEMENTE. ESA ES LA COMPETENCIA REAL.

• **Auto-aceptación**: es el querer y la aceptación personal de todos los defectos y las virtudes.

Aprender atesorar su propia compañía, a disfrutar sus horas de soledad, a ser su mejor amigo. Puede leer un buen libro, aprender a cocinar o a tocar un instrumento, meditar o simplemente ocupar su mente en cosas productivas.

• **Auto-aprobación:** es el verdadero valor que se le da al accionar, el profesionalismo, la perseverancia, la entrega por lograr un buen resultado.

Muchas veces se confunden las cosas y se hacen buscando la aprobación de los demás sin darse cuenta que realmente si es bueno en algo la auto-aprobación es la que determina que continuemos hasta lograr la excelencia.

FRASE: EL BUEN ROMANCE A TODAS LUCES SE DA INTEGRANDO EL SOY CON EL QUIERO SER.

• **Auto-administración:** esto va más allá de la planeación, organización y control de los recursos, se refiere al YO, en administrar los sueños, energía, tiempo, conocimiento y fuerzas de cada uno de los objetivos que se tiene de forma individual como parte de su ser y derecho de vida. Permite reconocer si se va por el camino correcto mostrando la diferencia entre ser testarudos o perseverantes así como la libertad de sentirse auto-suficiente sobre la legítima facultad de utilizar la oportunidad de tener opciones.

B.3 ENSEÑAR LOS BENEFICIOS DE LA ACEPTACIÓN:

Unos de los primeros pasos para realizar cualquier cambio en la vida es el reconocimiento de la realidad, que va mancomunado con la aceptación de la misma, es decir hay que aceptar el estado actual para desde ese punto de partida poder empezar a trabajar en lo que necesita mejorar.

Aceptar esta más allá de tolerar, cuando se acepta algo ya no hay espacio para quejas, ni lamentaciones constantes.

FRASE: LA ACEPTACIÓN COMO PROCESO INICIA CON: LA CURIOSIDAD o interés que nos hace PREGUNTAR o investigar para obtener INFORMACIÓN permitiendo la COMPRENSIÓN de la circunstancias a través del CONOCIMIENTO adquirido cuyo ENTENDIMIENTO nos lleva a una ACEPTACIÓN CONSCIENTE.

Puntos primarios que nos permiten comenzar a practicar la aceptación:

• **Aceptar la situación**: La vida está compuesta de situaciones o cosas que uno no puede manejar, cosas tan simples como el clima, el tráfico, el gobierno y tan complejas como las decisiones de otras personas y sus consecuencias; no se debe permitir que eso cambie el día, no sentirse víctimas, simplemente hay que aprender de lo que se pueda; aunque sea algo tan elemental como a desarrollar la paciencia o respetar el libre albedrío y reconocer sus limitaciones y ventajas.

• **Aceptar el problema**: Los problemas forman parte de la existencia, es un factor común de todo ser humano pero a diferencia de las situaciones, normalmente tienen solución y por eso se debe utilizar los problemas para reforzar las actitudes, aprender de ellos y así evitarlos la próxima vez, saliendo fortalecidos mental y emocionalmente con una creatividad despierta.

FRASE: HAY QUE ACEPTAR, ASIMILAR Y ENTENDER LO QUE ES OBVIO, EVIDENTE Y REAL.

• **Aceptar quien es:** es persona, es hijo o hija, es hermano o hermana, es amigo o amiga, es compañero o compañera, es estudiante, es un aprendiz permanente, es….

Deben aprender a jugar su papel y a desempeñarlo con amor, estar a gusto con quien es, teniendo presente que cada uno de los roles representan alguna etapa o ciclo de la vida por eso tienen que aceptarlo y vivirlo a plenitud aplicando los principios y valores en cada uno de ellos (respeto, compromiso, sinceridad, lealtad etc.), siempre que ese rol sea una relación sana.

Por ejemplo:

- si es un niño o niña, no estar constantemente deseando crecer, perdiendo la oportunidad de jugar, de aprovechar los consejos, quejándose por querer hacer cosas que no corresponden a su edad,
- Si es estudiante, es vivir el momento, poderlo aprovechar, inscribirse en todas las actividades extracurriculares que pueda, aprender lo que pueda y disfrutarlo.
- Si es hijo o hija, es respetar a sus padre, amar a sus abuelos y poderlos escuchar y aprender de ellos.

A los padres nos toca con el ejemplo demostrarles cómo aplicar la aceptación con el ejemplo que le damos.

- Siendo pareja: actuar de manera íntegra en la relación pues uno decide estar ahí.
- Siendo trabajador: haciendo el trabajo de forma íntegra, con mística, con amor, independiente a la cantidad de títulos es simplemente ser profesional al realizar su labor.

- **Aceptar su lugar**: Es aceptar de dónde viene para saber a dónde va.

Estar feliz con su posición sin caer en el conformismo, es ser realista, humilde y auténtico logrando, sobre bases sólidas, empezar a prepararse para lograr metas objetivas y estable.

Hay quienes viven del YO, YO, este es el típico YO TENGO tantas y cual cosa, YO HAGO tal y cual cosa y YO SOY amigo o familia de tal o cual personaje, este tipo de personas viven de apariencias y del reflejo de otros, esa es su carta de presentación provocando que los demás se acerquen a ellos por cualquier cosa menos por quienes son en realidad.

Para vencer esos complejos existenciales hay que aprender a no vivir del qué dirán, ni de las apariencias (modas), prestigio social (marcas), fingiendo y faltando a los principios, imaginando que eso es la felicidad, llenándose de prejuicios y complejos inútiles que solo los limitan emocionalmente.

Cuando uno mismo se acepta con respeto y amor se aprende a distinguir quien en verdad nos acepta tal cual somos, sin la necesidad de mentir y hasta mentirse a sí mismo, buscando encajar, solo hay que aceptar la realidad y sobre ella trabajar.

FRASE: ACEPTAR NO ES RENDIRSE, NI LIMITARSE, ES EMPEZAR.

• **Aceptarse a sí mismo:** que de verdad pueda decirse me quiero, me gusto, me respeto, me cuido (sin caer en el egocentrismo y tampoco ser conformistas), el mejoramiento mental y físico debe ser continuo, debe aceptar cada parte de su cuerpo, aceptarlo tal cual es, teniendo siempre presente la salud, saberse un ser único e inteligente, capaz de lograr lo que se proponga siempre que se dedique y le ponga disciplina, confianza y amor.

Vencer esos pensamientos que lo conflictuan con su yo físico y esos complejos basados en estereotipos.

- **Aceptar las críticas:** Existen dos tipos de críticas:
  - **Las constructivas**: buscan mejorar y corregir una situación o acción con comentarios positivos y alentadores sobre cosas que se pueden agregar, omitir o mejorar para optimizar los resultados.
  - **Las destructivas**: cuya finalidad es afectar el autoestima de quien la recibe juzgando todo lo que es o hace, cuestionándolo con mala intención, muchas veces buscando ser ellos los protagonistas y ridiculizar al otro.

FRASE: PUEDE QUE LA CRÍTICA NO SEA AGRADABLE, PERO ES NECESARIA. CUMPLE LA MISMA FUNCIÓN QUE EL DOLOR EN EL CUERPO HUMANO. LLAMA LA ATENCIÓN DE UN ESTADO DE COSAS NO SALUDABLES. (Winston Churchill)

Todas los seres humanos son libres pueden pensar, sentir y hacer lo que deseen, siempre que no afecten a las demás personas.

Desarrollemos la capacidad de diferenciar la clase de crítica que se recibe. Se debe aceptar que es válido equivocarse, aprendiendo a escucharla con mente abierta.

En caso de ser constructiva la crítica emitida, accionar y de ser una crítica destructiva no permitir que afecte o determine su ser y hacer, pues al final la responsabilidad de las acciones es individual y cada quien decide.

• **Aceptar sus emociones:** Es importante que puedan identificar cada una de las emociones que se presentan en su diario vivir, para poder comprender cómo les afectan en las circunstancias a su alrededor y como su estado anímico puede variar. Entender las emociones que sienten les permite identificar, aceptar y a su vez poder gestionarlas para su mejor desempeño emocional.

La aceptación de las emociones radica en permitirse sentir lo que sienten, no ocultarlo, negarlo o disfrazarlo, comprender que pueden aprender a gestionarlo si es negativo para ellos, pero también es saludable poder mostrar sus sentimientos y no reprimirlos cuando estos son sanos. Por ejemplo: saber dar un abrazo, decir te quiero, te extraño, gracias por permitirme aprender de usted, como también poder pedir disculpas o perdón sin sentir prejuicios ni vergüenza sino con aceptación de la responsabilidad del hecho.

El caparazón que muchas veces se colocan para negar la existencia de sus emociones solo les aleja de su naturaleza humana haciéndolos más insensibles y olvidando que son seres emocionalmente racionales.

Indispensable es tener presente que sus emociones son propias y nadie tiene porque sentir lo mismo y cuando las manifiesten debe ser con un auténtico desinterés sin segundas intenciones, sin esperar que las personas reaccione como quieren ellos o que hagan realidad sus expectativas y que recuerden siempre el respeto a la libertad de otros.

FRASE: PERMITIRSE VIVIR LAS EMOCIONES NOS HACE HUMANOS, APRENDER DE ELLAS NOS HACE VALORARLAS Y LA ACEPTACIÓN NOS HACE MADURAR.

• **Aceptar que hay tristeza y dolor:** La tristeza es un sentimiento que de existir, tienen que darse la oportunidad de sentir, no hay porque bloquearla, negarla, descalificarla y hasta taparla, fingiendo que nada pasa, esto no es sano para su cuerpo, mente y alma.

Enseñarles a aceptar estos momentos de pena ocasionados por situaciones tales como decepciones, pérdidas y muerte son indispensables para poder lograr que se fortalezcan emocional y mentalmente.

FRASE: DAD PALABRA AL DOLOR: EL DOLOR QUE NO HABLA GIME EN EL CORAZÓN HASTA QUE LO ROMPE. (William Shakespeare).

El duelo es un camino cuya trayectoria es un recorrido doloroso con emociones contrariadas, encontradas y hasta antagónicas pero muchas veces es necesario transitarlo por la pérdida de algo o alguien y así superarlo y fortalecerse basado en la certeza que todo pasará. Muy importante es señalar que a pesar que la tristeza les permite vivir su duelo, no significa que tienen que lacerarse y vivir en un sufrimiento constante, eso no cambiará la realidad, por difícil que parezca, aceptar la situación es la mejor opción, comprender que por más que se lamenten el tiempo no retrocederá y los resultados no cambiarán.

FRASE: EL DOLOR ES INEVITABLE PERO EL SUFRIMIENTO ES OPCIONAL. (Buda)

También en esta etapa existe el dolor físico; éste puede ser de manera constante y permanente, se debe buscar la ayuda profesional idónea que les permita mejorar su calidad de vida, a través de medicamentos, terapias y tratamientos que permitan disminuir el dolor que se padece, siempre en busca de lograr un bien superior.

Aceptar la situación actual de dolor no implica rendirse ante él, no pueden dejarse vencer, no permita que la impotencia por el malestar que siente cambie su carácter y el ánimo por la vida, comprender que las demás personas no son culpables de lo que les pasa y tampoco lo pueden eliminar.

• **Aceptar las facturas:** Empezar reconociendo las equivocaciones, el daño causado, si se ha lastimado con su accionar a otras personas, para luego aceptarlo con todas las consecuencias en todos los ámbitos que ello amerita.

Esto acarrea un sentimiento de culpa que minimiza su amor propio o que les da vergüenza, a esto se le conoce como facturas pendientes.

***FRASE: TENGO TRES PERROS PELIGROSOS: LA INGRATITUD, LA SOBERBIA Y LA ENVIDIA. CUANDO MUERDEN DEJAN UNA HERIDA PROFUNDA.* (Martin Luther King)**

Una vez identificadas las facturas pendientes para poder sanarlas, se debe aceptar y procurar saldarlas si es posible ya sea:
- Aceptando que se le causó daño a otras personas.
- Hay que hacerle frente a la consecuencia del hecho.
- Pedir disculpas si se da el caso y la situación no genera mayor dolor.
- También cambiando de actitud y mostrando un crecimiento emocional con un real arrepentimiento en su accionar.

• **Aceptar las diferencias y respetarlas:** A menudo las personas olvidan que son seres únicos con sentimientos y pensamientos diferentes, necesidades y gustos propios, intereses particulares y prioridades independientes.

Muchas veces se tiende a esconder o disfrazar las diferencias para poder entrar en los estereotipos sociales y evitar el rechazo, negando la esencia y lo extraordinario que se puede ser y hacer cuando le damos la oportunidad a la creatividad de surgir, rompiendo los estándares como la moda y los prototipos.

FRASE: LA DISTANCIA ENTRE LOCURA Y GENIO SOLO SE MIDE CON EL ÉXITO. (Bruce Feirstein).

B.4 HIJOS DE LA TECNOLOGÍA

Esta generación son niños y niñas nativos en la era de la tecnología, sin embargo como adultos responsables, se debe empezar a interactuar y acercarse más a los pequeños, ser más accesibles y empáticos para entender el mundo al que se enfrenta, donde interactúan y se interrelacionan entre un mundo virtual y un mundo real, con todas las ventajas y desventajas que trae implícito el uso de la tecnología, las redes sociales y el internet, haciendo fundamental que estén bien orientados y supervisados por los tutores para que puedan convertirse en aliados en su formación.

El uso asiduo de la tecnología, puede crear una dependencia hacia los aparatos tecnológicos o a todo lo que represente un mundo de ficción donde existe una adrenalina que emociona, exacerba la sangre y provoca sobresaltos por ejemplo los juegos de videos, las series de violencia, juegos en línea entre otras cosas.

Las personas se proyectan en esos personajes, llegan a vivir a través de ellos, convirtiéndose en seres con dificultad de comunicarse, conectarse y correlacionarse con el mundo y las personas en la vida real, desarrollando un déficit de atención a las cosas por catalogarlas como simples o falta de emoción.

Al paso del tiempo desarrollan una dependencia, casi adictiva, a estar conectado o revisando de forma frecuente todos sus dispositivos, además de una ansiedad descontrolada que les hace perder la secuencia del tiempo y la realidad hasta ser capaces de poner en segundo plano las necesidades básicas tanto las físicas como emocionales.

Existe una realidad en el cyber-mundo que es el acoso, el bullying y no se puede dejar de lado e ignorarlo, pretendiendo que los menores lo enfrenten solos, SU SEGURIDAD ES RESPONSABILIDAD DEL TUTOR.

Como adultos responsables debemos armarnos de todas las herramientas disponibles para la protección, seguimientos y aseguramiento de los menores, como lo son los sistemas de control parental.

El sistema de control parental es empleado por múltiples plataformas para la comodidad del adulto responsable al facilitarles el uso de los diferentes dispositivos tecnológicos a los niños y niñas. De esta forma pueden limitar, filtrar, controlar y bloquear los contenidos a los que tiene acceso el menor y tener entrada libre a su mundo virtual pues la privacidad del menor debe ser supervisada con total libertad por el tutor.

También a raíz de la tecnología son una generación de lo automático, están acostumbrado a la inmediatez en todo, le gusta las cosas instantáneas, rápidas, sintetizadas al máximo y continuas, esto hace que tengan las siguientes tendencias:

- Desarrollan ansiedad.

- No saben finalizar las tareas o seguir una secuencia de pasos hasta el final.

- No obligan a su cerebro a pensar demasiado, analizar y llegar a conclusiones.

- Su frustración es constante.

- Son adictos a la tecnología y se aíslan de las personas reales.

- No saben solucionar problemas.

- Tienen inconvenientes para definir prioridades.

Se les debe enseñar a los niños y niñas nuevamente a jugar en bicicleta, juegos de mesa, el escondite, a compartir con sus compañeros, a interrelacionarse sin necesidad de imágenes pre-configuradas o prototipos, a socializar lejos de las redes sociales, esto es beneficioso física, emocional y psicológicamente.

Hay que ser padres física y emocionalmente presentes, no le dejen la función de la formación de los hijos a un celular, una Tablet y los juegos de videos, entre otras cosas.

Una forma muy simple y cotidiana de educar niños responsables para crear adultos maduros es:
• Acostumbrarlos a completar los deberes de casa como cerrar los cajones al abrirlos, colocar las cosas en su lugar, arreglar el dormitorio.
• Cumplir con las tareas escolares asignadas de manera autónoma y responsable.
• En casa debe ser responsable de pequeños deberes, que incluya seguir normas, reglas disciplinarias y de trabajo en equipo.
FRASE: LA DISCIPLINA ES EL MEJOR AMIGO DEL HOMBRE, PORQUE ELLA LE LLEVA A REALIZAR LOS ANHELOS MÁS PROFUNDOS DE SU CORAZÓN. (Madre Teresa de Calcuta).

- A medida que crece se le debe delegar funciones que le permitan aprender a convivir de forma armoniosa como el enseñarle a compartir y a ser tolerante.
- También es importante en su etapa de crecimiento aprender a administrar los recursos como el económico, de tiempo y la creatividad, se empieza con dinámicas, juegos y luego las mesadas semanales, ahorro con alguna meta específica, alcanzable a corto plazo entre otras cosas.
- Llegar al final de las obligaciones y compromisos de equipo adquiridos tales como los cursos y los clubes de deportes o ajedrez, trabajos escolares, charlas, etc.

- Si se inscribe en algo, si tiene una responsabilidad o tomo un compromiso, si dio su palabra, "DEBE CUMPLIR" Y "TERMINARLO".

FRASE: SOY CONSTANTE, COMO LA ESTRELLA EN EL NORTE. **(Julio César)**

C. Buscar ayuda

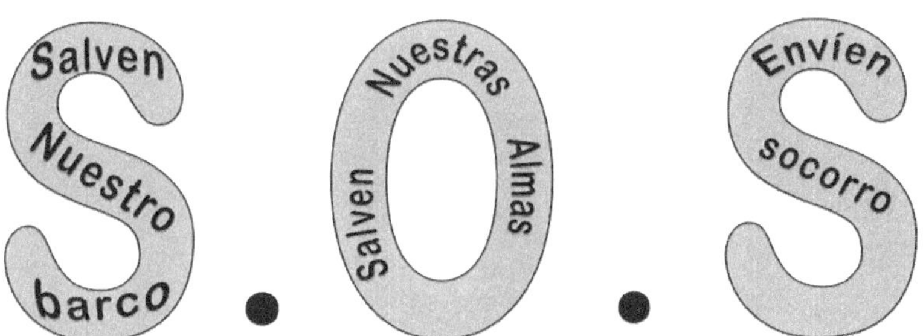

C. BUSCAR AYUDA

Las personas que han sido víctimas del acoso, abuso o bullying muchas veces se niegan a reconocer la situación, como resultado consideran no necesitar ayuda de ningún tipo, esto lo hacen:

• Por un mecanismo de autodefensa, como la negación,

• Por miedo al agresor, a la represaría o a el que dirán,

• Porque han creado una codependencia con el agresor a través de un vínculo traumático,

• Por dependencia económica,

• Por chantajes emocionales,

• Por sobornos sociales,

• Por repetición de patrones de conductas entre otros.

Esto hace importante que las personas que están a su alrededor le brinden ayuda, ya sea denunciando anónimamente la situación y acercando información para despertar a la víctima mostrarle que no está sola y existen formas de salir de ese entorno dañino.

FRASE: ES MEJOR SUFRIR UNA VEZ QUE ESTAR EN UN SUFRIMIENTO PERPETUO. **(Julio César)**

Entre estas opciones está:

C.1 *RESPETAR LA AYUDA PSICOLÓGICA*

La ayuda psicológica es una realidad necesaria, para poder funcionar de manera correcta en el círculo familiar y social, mejorando la relación con uno mismo y con los demás.

Tanto las víctimas de las diferentes formas de bullying, acoso, abuso y su entorno deben empezar a respetar y aceptar la ayuda psicológica.

El autor del conflicto claro que necesita ayuda profesional y de ser posible se le debe brindar inmediatamente para evitar que siga dañando a otras personas, esto se logra con la interferencia de la familia, el entorno social y las autoridades competente.

La salud mental y emocional es tan importante como la salud física, pero en la sociedad se acostumbra a ver con recelos esta rama de la medicina por haber sido un tabú por muchísimos años denigrando a los que la utilizaban, sin embargo para poder atenuar, mitigar y suavizar los efectos negativos que tienen en las personas las situaciones de conflicto, el BULLYING, conductas dañinas, enfermedades mentales y emocionales hacen ineludible aceptar el lugar que se han ganado tanto la psicología, como la psiquiatría para cumplir este fin.

La ayuda psicológica brinda orientación sobre:

- Como enfrentar y resolver conflictos.

- Ayuda a implementar la higiene mental para lograr un equilibrio con el entorno.

- A través de los recuerdos olvidados se puede entender partes de la conducta, se debe comprender que los recuerdos forman parte de la mente de manera constante. Al no poder cambiar el pasado una forma de trabajar estos recuerdos olvidados es traerlos a la consciencia para poder decidir qué hacer con ellos y efectuar los cambios necesarios sin reproches y con aceptación.

- Como empezar a conocer, manejar y gestionar las creencias limitantes.

- De manera consciente se puede drenar, desahogar y hasta hacer catarsis con las emociones sin lastimar a nadie, ni descargar sobre otras personas culpas que no le pertenecen, además de tomar en cuenta el tiempo, espacio y forma adecuada para hacerlo.

- Al canalizar las emociones, las cargas se equilibran y se disminuye el comportamiento de bomba de tiempo a punto de estallar.

- Conectarse con ese mundo emocional existente en el interior, identificando los detonantes emocionales.

- Orientan para poder entender, aprender, ayudar, liberar, cambiar y crecer a través de la información.

- Para canalizar las responsabilidades de cada quien en su justa medida.

- Conocimiento de todos los AUTOS- YO (autocontrol, autoestima, autosuficiencia, etc.) y así ayudar y guiar para poder sentirse mejor emocional y psicológicamente.

- Abordar y sanar el sufrimiento para que no sea prolongado y el dolor emocional pueda ser tratado.

- También se debe tener presente que es mejor saber si hay un diagnóstico clínico que requiera algún tratamiento específico y no estar deambulando sin saber que pasa en realidad, esto es beneficioso para todos los integrantes de la familia.

C.2 *EXISTEN LOS GRUPOS DE AUTOAYUDA*

En la actualidad existen organizaciones y asociaciones, que cuentan con grupos de autoayuda, cuya finalidad es servir de apoyo a otras personas que están pasando por circunstancias similares a las que ellos alguna vez vivieron y por medio de la comunicación, empatía y agradecimiento buscan ayudar, guiar y orientar a otras personas que apenas empiezan su paso por el camino a la recuperación integral después de sufrir algún tipo de abuso, acoso o bullying.

Estos grupos de autoayuda cuenta con parámetros que los rigen para poder funcionar de manera eficiente y eficaz en la sociedad, siendo uno de los más importante el anonimato, permitiendo que las personas se sientan seguras y protegidas al momento de acercarse a ellos, mientras desarrollan las fuerzas necesarias para afrontar lo sucedido.

Características Sencillas:

- Algunos se fundamentan en diversas literaturas para mostrar una guía en la recuperación y un camino en la sanación emocional.

- El anonimato proporciona la confianza para poder expresarse libremente sobre sus emociones reales sin miedo a ser cuestionados y juzgados por los demás, otorgando la paz que entrega el hecho de saber que todo lo que ahí se comente, por reglamento, debe quedar ahí resguardado.

- Descubren y se hacen consientes que no son los únicos a los que le sucedieron ese tipos de eventos.

- Ven en el crecimiento y el ejemplo de los demás la esperanza de la sanación personal.

- Se puede dar la retroalimentación competente basada en la experiencias, vivencias, como también pueden contar con existencia de profesionales competentes académicamente hablando.

- Por lo general lo único que le solicitan a los asistentes es el deseo sincero de querer mejorar y la aceptación de la necesidad de ayuda.

- También ayudan a desarrollar el trabajo en equipo y la responsabilidad.

FRASE: EL ACEPTAR QUE NECESITAMOS AYUDA ES EL PRIMER PASO PARA INICIAR UN CAMINO HACIA EL MEJORAMIENTO MENTAL Y EMOCIONAL.

Hoy día se sabe que un buen equilibrio emocional y psicológico facilita el desarrollo saludable de los ciudadanos a nivel personal y familiar, además de un correcto desenvolvimiento laboral y social permitiendo en su defecto, una sociedad más estable.

C.3 TAMBIÉN DEBEN TOMAR EN CUENTA QUE EXISTEN CENTROS DE REHABILITACIÓN O ALBERGUES DE AUTO-AYUDA.

Cuando las personas afectadas están muy marcadas por un pasado o presente trágico se puede tomar la decisión de internarles en lugares donde les pueden proporcionar la ayuda psicológica, orientación jurídica, seguridad física e integral que necesitan para poder salir de una situación que se puede tornar peligrosa o ya sea que le han causado mucho dolor resultando difícil cerrar el círculo de abuso, acoso o bullying.

En estos lugares se puede solicitar que internen a la persona de manera voluntaria o no, dependiendo de la edad, situación emocional y psicológica.

Normalmente deben contar con todos los especialistas idóneos para realizar dicha labor, sin embargo es una responsabilidad fundamental verificar que así sea.

Capítulo 2

D. Establezcamos Códigos de Conducta

Se Bien
Bien Pensar
Dialogo Interno
Bien Sentir
Bien Decir
Bien Hacer
Bien Feliz
Bien Sentido del Humor

Se Respeto
Respeto al Tiempo
Respeto a las Leyes
Respeto a las Diferencias
Respeto a la Libertad de Otros
Respeto al Espacio
Respeto a su Cuerpo

Se Agradecido
Merecedor de Cosas Nuevas
Valorar lo que se tiene

Se Educado
Se Amable
Aliarse con la Diplomacia
Corrección con Resiliencia y Renovación
Crear Confianza
Realizar la Corrección
Estabilizar el Autoestima

Se Culto
Se Debe Leer
Verificar el Consumo de Televisión y Cine
Que se Música se Escucha
Dependencias a Celulares y Redes Sociales

E. Desarrollo de Resiliencia
Pone a Prueba
Flexibilidad al Cambio y Capacidad de Adaptación
Ser Funcional
Ser Competente
Ser Impulsores de Cambio
Habilidades Blandas
Manejar la Frustración
Tolerar
Paciencia
Fuerza de Voluntad

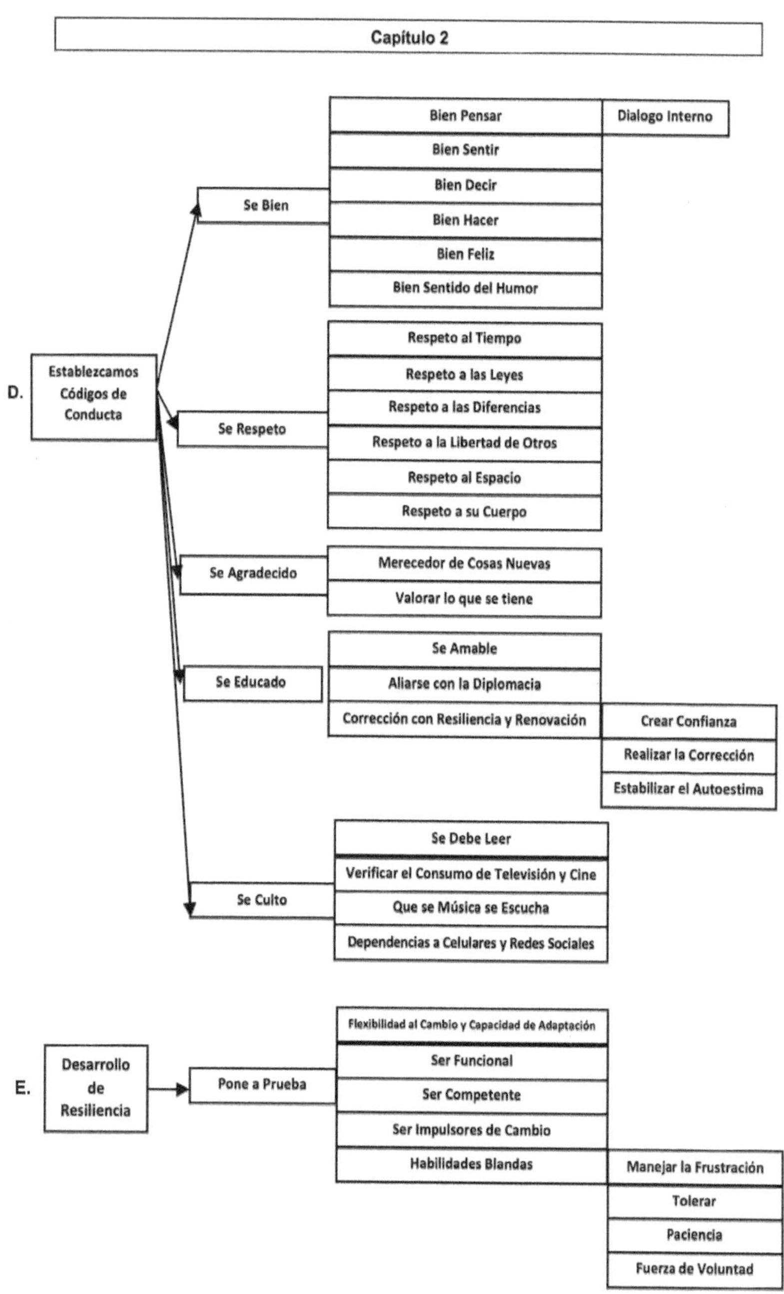

Ya tenemos más de 10 códigos
Hay que Establecer el Código de conducta

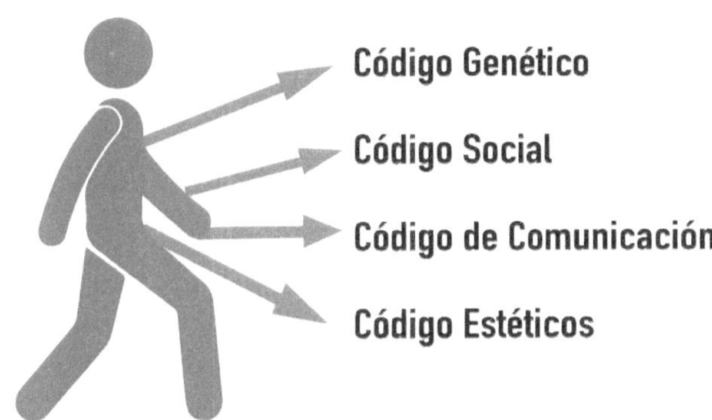

D. ESTABLECER CÓDIGOS DE CONDUCTA

Las buenas, fuertes y profundas raíces hacen troncos sanos, resistentes a tormentas, muchas veces se doblan a los vientos fuertes pero no se quiebran, mostrando su belleza en sus fortalezas internas, haciéndolos únicos, independientes, demostrando que las buenas bases son las que trascienden en el paso del tiempo y prevalecen en la historia.

FRASE: HAGAMOS UN ENCUENTRO DE MENTES CON NUESTROS HIJOS, CONECTÉMONOS CON LA PRÁCTICA DE VALORES, LA ÉTICA Y LOS ACUERDOS.

Las personas también tienen buenas y malas raíces, aquí le denominaremos **CÓDIGO DE CONDUCTA,** este está compuesto de los valores, principios, creencias y aspiraciones que dan una identidad, resiliencia y una conducta a través de reglas y normas que hacen único el trato, forma de accionar y establecen los límites de comportamiento; bajo el marco de leyes internas que dan una decencia básica con una solvencia moral al momento de ser cuestionados.

El Código de Conducta es un energizante del alma y una guía en la trayectoria, útil para construir un futuro venturoso, inalterable y sólido.

A parte de todos los valores y principios también existen otros factores que definen el código de conducta (Bien, Respeto, Agradecido, Educado y Culto) y así SER LO MEJOR QUE PUEDAS SER, SER TU MEJOR VERSIÓN.

FRASE: PREFERIRÍA ESTAR EL PRIMERO EN UNA ALDEA QUE EL SEGUNDO EN ROMA. **(Julio César)**

D.1 SE BIEN

Este refleja la forma de pensar, sentir, decir y hacer, ejemplos:

• **BIEN PENSAR:** no se puede hacer ningún cambio si primero no se empieza por uno mismo, los pensamientos influyen en la forma que se tiene de ver las cosas al alrededor, por ende se debe buscar reemplazar los miedos por oportunidades, prejuicios por amor, sueños por metas alcanzables, expectativas por realidad.

• **DIÁLOGO INTERNO:** Verificar el dialogo interno, lo que uno se dice de forma constante.

Éste diálogo tiene sus bases en las creencias concebidas durante la formación de la persona, hay que traerlas al consciente y redireccionar aquello que le limite y trunque el camino.

Cuando se toma la decisión de dejar de quejarse y lamentarse existe la alternativa de pensar y sentir diferente con un genuino deseo de cambiar y vivir una vida equilibrada y emocionalmente inteligente.

Uno es su eterna compañía, nadie le conoce mejor que uno mismos, sus miedos y errores pero también sus aciertos y virtudes.

FRASE: TU MENTE ES TU FIEL COMPAÑÍA SIN DIFERENCIAR SI ES ALIDA O ENEMIGA.

Estabilizar la balanza del diálogo interno a su favor, vencer esos pensamientos saboteadores, hay que ser capaz de emprender y confiar en sus capacidades, tiene que creérselo, logrando un diálogo intrapersonal más:

1. crítico pero constructivo,
2. Motivador pero realista,
3. Maduro y amoroso.

FRASE: NI TUS PEORES ENEMIGOS, PUEDEN HACERTE TANTO DAÑO, COMO TUS PROPIOS PENSAMIENTOS. (Buda)

Es importante señalar que cuando logre prosperar y el éxito empiece a caminar su lado no debe permitirse perder la humildad, el éxito tiene como características ser relativo, oscilante, ingrato y soberbio; le gusta brillar sólo con luz y voz propia, no necesita de su ayuda, usted no tiene que ser presumido y pretencioso, si lo hace se alejará en la primera oportunidad, así que sólo debe seguir haciendo las cosas bien y siendo lo mejor que pueda ser y el éxito hará lo propio.

FRASE: CUANDO NO HAY ENEMIGOS DENTRO, LOS ENEMIGOS DE AFUERA NO TE PUEDEN HERIR. (Winston Churchill)

• **BIEN SENTIR:** es sentirse bien con uno mismo, con el entorno, con los demás, es tan simple como estar bien con uno mismo y los demás, BIEN-ESTAR.

El sentirse bien está más allá del rango físico, tiene que ver con el capital cognitivo, mejorando la comunicación y la percepción de la realidad, a través de la gestión del caudal de emociones que forman a los individuos, transmitiéndolas y contagiándolas de forma positiva y optimista.

FRASE: CUANDO EL POSEER ES MAS IMPORTANTE QUE EL SER NOS CONVERTIMOS EN ESCLAVOS DEL MUNDO, CUANDO PRIORIZAMOS EL SER NOS HACEMOS LIBRES.

• **BIEN DECIR:** es utilizar el poder de la palabra, reconocer su influencia en uno mismo y en los demás.

Las palabras crean marcas y dejan cicatrices (mal-decir), es mejor comunicarnos en positivo, EMPECEMOS A BIEN-DECIR o Bendecir.

FRASE: SOMOS AMOS DE LAS PALABRAS QUE NO DECIMOS PERO ESCLAVOS DE LAS QUE DEJAMOS IR. (Winston Churchill)

• **BIEN HACER:** en cada cosa que hace queda plasmada su firma, su sello, su identificación y su reflejo; mostrando el amor y la mística que utiliza; hay que darle la importancia a cada cosa por pequeño que se crea que es.

FRASE: SI QUIERES ALGO BIEN HECHO, HAZLO TU MISMO. (Napoleón Bonaparte)

Hacer bien también tiene que ver con la forma con la que se relaciona con los demás, que cada cosa que se haga no afecte a nada ni a nadie, hacerlo desinteresadamente, hacer el bien sin mirar a quien y sin esperar nada a cambio, por el simple hecho de servir.

Por fe en Dios, Karma o reciprocidad lo mejor siempre será pasar de **Mal-hechor y ser Bien-hechor**.

FRASE: HAGAS LO QUE HAGAS, HAZLO BIEN. (Abraham Lincoln)

• **BIEN FELIZ:** Es común concederle a otros la responsabilidad de su felicidad y luego se les culpa cuando no funciona.

La felicidad es su derecho, es su responsabilidad, sin embargo la mayoría de las personas condicionan ser felices a los logros, cosas y personas; llegando a pensar que al momento de obtenerlas se sentirán plenos y olvidan que la felicidad es algo personal por ende es de adentro hacia afuera, no puede depender de nada ni de nadie.

FRASE: EL TIEMPO NO VUELVE ATRÁS, POR LO TANTO, PLANTA TU JARDÍN Y ADORNA TU ALMA EN VEZ DE ESPERAR A QUE ALGUIEN TE TRAIGA FLORES. (William Shakespeare).

• **BIEN SENTIDO DEL HUMOR:** respetar la naturaleza humana con humildad reconociendo que errar es parte de ella, teniendo la capacidad de reírse de sí mismo.

FRASE: *PONEMOS MÁS INTERES EN HACER CREER A LOS DEMÁS QUE SOMOS FELICES QUE EN TRATAR DE SERLO. (Francois de la Rochefoucauld)*

La vida tiene un equilibrio nato, por eso existe el bien y el mal, lo bello y lo feo, lo alto y bajo, etc.

Como todo tiene su contraparte igual hay que buscarle el lado amable, agradable, positivo y optimista a la vida, para que nada ni nadie les robe el derecho a sonreír.

Más allá de un optimismo ciego, es la decisión de disfrutar el viaje.

D.2 SE RESPETO

Es sobre la conducta humana, su forma de proceder, interactuar y concebir la realidad, tratando de darle el correcto valor a todo a base del respeto.

Ejemplos simples son:

• **RESPETO AL TIEMPO:** es darle la importancia al tiempo nuestro y el de los demás.

Ser puntual, organizarse mejor para diversificar las funciones, saber trabajar en equipo mostrando valía a las funciones y desempeño que cada compañero.

• **RESPETO A LAS LEYES:** existen leyes escritas y no escritas, por ejemplo:

- Las que encuentras en los libros de leyes propias de las sociedades jurídicamente organizadas,

- Las culturales y tradicionales propias de los diferentes grupos, organizaciones y pueblos, y

- Los códigos de conducta abordando la integridad personal en el proceder.

Todos estamos llamados a respetar las normas en una sociedad cívica y civilizada para el funcionamiento pacífico y congruente de sus ciudadanos, reconociendo que cada derecho individual trae intrínseco un deber y su acción o inacción trae consecuencias sociales.

FRASE: DEBEMOS ANTEPONER LOS PRINCIPIOS A LAS PERSONAS. (Al-Anon)

• **RESPETO A LAS DIFERENCIAS:** todos son diferentes e iguales a la vez, esas diferencias los hacen especiales y el respeto a ellas es lo que permite crecer como seres humanos.

Por ejemplo: *EL RESPETO A LOS ADULTOS DE LA TERCERA EDAD.*

FRASE: CUANDO NUESTROS ADULTOS MAYORES EMPIEZAN A OLVIDAR SUS EXPERIENCIAS, LA JUVENTUD NI SIQUIERA LAS HA VIVIDO.

• **RESPETO A LA LIBERTAD DE OTROS:** En la vida todas las personas son libres, así se nace ya sea por derecho o religión, es algo inalienable, ineludible e irrenunciable, nadie puede otorgarla o quitarla.
Este derecho se pierde o se otorga a través de la conducta o decisión. Ejemplo cuando se infringe la ley.

Aceptar esto es fundamental para comprender, que existe el libre albedrío, estableciendo que cada quien es responsable de su accionar, **SIEMPRE QUE SEA MAYOR DE EDAD, AUTÓNOMO Y MENTALMENTE FUNCIONAL.**
Un punto a resaltar es que nadie debe controlar a nadie, es decir que no se es responsable de lo que otros hagan o dejen de hacer y por ende la felicidad no debe depender de otras personas.
FRASE: EL RESPETO AL DERECHO AJENO ES LA PAZ. (Benito Juárez)

Muchas veces se quiere encubrir, justificar o negar los errores de los seres queridos o de las personas a su alrededor ya sea porque se tiene algún remordimiento, vergüenza, culpa o porque se quiere sobreproteger a la persona amada.
Asimilar que sus acciones no son su responsabilidad, desprenderse emocionalmente de ellos y aceptar que son personas independientes es indispensable para empezar a construir la paz

interior, comprendiendo que se puede seguir queriéndolos pero con un amor responsable, adulto, maduro y sano.

FRASE: SER FELIZ ES UNA DECISIÓN PERSONAL.

• **RESPETO A EL ESPACIO:** es su intimidad, su espacio para ser quien quiere ser y desarrollar su creatividad y personalidad, es su espacio físico donde se puede tomar un tiempo para pensar, organizar sus ideas, sentir e identificar sus emociones o simplemente para respirar profundo.

De forma inconsciente e invisible también existe unas medidas de distancias que permiten sentirse cómodos y seguros. Cuando alguien se acerca demasiado sin su consentimiento, puede sentir que invaden su espacio, esta sensación de incomodidad hace referencia al espacio íntimo y personal, por ende debe saber establecer sus límites de espacio y respetar el de los demás.

FRASE: MI LIBERTAD SE TERMINA DONDE EMPIEZA LA DE LOS DEMÁS. (JEAN-PAUL SARTRE).

• **RESPETO A SU CUERPO:** Esto hace referencia a ejercitarse, comer sano, dormir bien, no tener vicios, no lastimarse, no ir en contra de la salud física ya sea agrediéndose con la forma de comer, vestir o proceder; ni permitir que nadie le cause daño.

Es una realidad que el sedentarismo de la juventud actual, por el uso de la tecnología, hace que cada día ejerciten menos sus músculos físicos como mentales.

Los aparatos y dispositivos tecnológicos al manejar el lema "facilitar la vida", crean personas dependientes de la adrenalina que producen, la inmediatez de sus respuestas, la capacidad de almacenamiento de datos, entre otros beneficios que ofrecen. Acostumbran a sus clientes al menor esfuerzo al minimizar el desgaste y la ejercitación física.

D.3 SE AGRADECIDO
Agradecer es uno de los puntos básicos para empezar a generar un cambio positivo en el enfoque emocional.

Cuando se agradece de corazón se activa la manera de mirar positivamente la vida más allá de un optimismo a ciega, es un gracias consciente y saludable que también refleja fe y esperanza. Dar las gracias es reconocer el favor recibido, mientras que ser agradecido es diferente, este muestra la grandeza humana y la humildad del alma.

FRASE: NO ENSUCIES LA FUENTE DONDE HAS APAGADO TU SED. (William Shakespeare).

Cuando a los niños se les educa creyendo que todo lo merecen sin esfuerzo, que es una obligación de los padres hacer magia para que ellos reciban lo que se les antoja, se están formando adultos ingratos y mal-agradecidos que el día de mañana no sabrán valorar ni luchar por nada, lo que les traerá frustraciones al no conseguir lo que desean pues siempre quieren más. Además serán hijos irresponsables y groseros con sus padres incapaces de sentir agradecimiento por todo recibido.

FRASE: UN NIÑO MAL EDUCADO ES UN NIÑO PERDIDO. *(John Fitzgerald Kennedy)*

• **SER AGRADECIDO LOS HACE MERECEDOR DE COSAS MEJORES**: por ejemplo: si se recibe un gesto de alguna persona cercana como familia, amigo o compañero y le agradecemos, se está devolviendo la buena acción, haciendo sentir importante a la persona que decidió tener ese detalle con uno, abriendo las puertas para otra oportunidad, además de mostrar humildad al reconocer que opto por usted entre todos los demás.

• **APRENDER A VALORAR LO QUE SE TIENE**: comprender que se es afortunado por tener vida, salud, juventud y decisión, esto amplía la visión y hace que se accione positivamente facilitando el obtener mejores resultados en el futuro porque se trabaja en ese sentido, despertando la creatividad y la fe.

Quizás quiera y le gusten otras cosas por considerar que son mejores a las que le rodean.

Las aspiraciones son correctas siempre que sirvan como objetivos que impulsan a trabajar más, pero la felicidad no debe depender de eso, tampoco es válido que sea por aparentar, competir o desear lo que alguien más tiene. Es simplemente empezar a vivir desde el agradecimiento y dejar de quejarse por todo.

Muchas veces se cree que se necesitan ciertas cosas sin embargo cuando se evalúa con frialdad y objetividad uno se da cuenta que no son una necesidad y pasan a ser sólo un deseo para no llamarle antojo o capricho. Es por eso que se debe revisar bien el entorno, por simple que parezca, siempre se tiene algo que agradecer.

FRASE: LOS CAMBIOS QUE QUEREMOS EN NUESTRA VIDA DEPENDEN DE NOSOTROS Y SÓLO POR LA OPORTUNIDAD DE PODER Y DE SABER ESO, HAY QUE DAR LAS GRACIAS.

D.4 SE EDUCADO

Estas son de las cosas más básica, sencillas y comunes al desempeñarse en un entorno social: Saludar al llegar (buenos días, buenas tardes, buenas noches), pedir por favor, dar las gracias, decir permiso, regalar una sonrisa, un sencillo hola, etc.

FRASE: LA PAZ COMIENZA CON UNA SONRISA. (Madre Teresa de Calcuta)

Se suele escuchar "La educación viene de casa", dando un golpe de realidad al entender que es a base del constante buen ejemplo de los mentores.

La educación es la marca de vida durante la formación como individuos y es de gran valor para el correcto desarrollo y desenvolvimiento de la persona en la sociedad.

Si los hijos ven que se acostumbra a mentir, se pasa la luz roja, no se da el paso cuando se conduce, se soborna y se mete en la fila, aunque se le diga que no lo hagan es exactamente lo que imitarán.

En la vida la educación se convierte en el código de conducta de los seres humanos, se hace casi de forma automática, cotidiana y normal.

FRASE: LOS BUENOS MODALES ENCUENTRAN SIEMPRE TODAS LAS PUERTAS ABIERTAS.

• **SE AMABLE:** Es el amor con que uno mismo se trata y trata a los demás, la cortesía que manifiesta, la comprensión con la que escucha.

FRASE: LA SONRISA ES MÁS BARATA QUE LA ELECTRICIDAD Y DA MÁS LUZ. (Proverbio Escoses)

Al ser amable uno se auto-regala la cortesía. Siendo cortes con los demás se mantiene un buen ánimo, la vida liviana, se evita los malos ratos y no se carga con el mal humor o mala vibra que muchas veces quieren regalar o contagiar las demás personas.

FRASE: LA CLAVE DE LA VIDA ES COMPRENDER QUE LA CORTESÍA REFLEJA LA VERDADERA VALENTÍA.

Esta etapa procura separar emocionalmente a las personas, se busca lograr que no les afecte el estado anímico de los demás, independiente a lo que digan o el parentesco que se tenga con ellos.

FRASE: SE GENTIL, LA PALABRA AMABLE APACIGUA EL ENOJO.

• **ALIARSE CON LA DIPLOMACIA:** La diplomacia es el arte de mantener la calma, el buen trato, la prudencia al momento de dirigirse a los demás, manejar situaciones conflictivas, realizar las correcciones y tratar de entablar las buenas relaciones y buena comunicación en medio de circunstancias difíciles o de conflictos.

FRASE: LA DIPLOMACIA ES EL ARTE DE ENVIAR A LA GENTE AL INFIERNO DE TAL MANERA QUE ELLOS SOLICITEN DIRECCIONES. (Winston Churchill)

• **LA CORRECIÓN OPTIMIZANDO LA RESILIENCIA Y LA RENOVACIÓN:** Si les toca corregir a una persona que cometió un error, independiente a que acepte o no el hecho, es importante saber efectuar el correctivo para no crear en él o ella una predisposición, sino por el contrario, lograr una concientización de lo ocurrido y sus consecuencias.

Los pasos a seguir son:
• **Crear confianza y eliminar las predisposiciones para mantener los canales de comunicación abiertos**
-Se debe empezar reconociéndole lo bueno: en caso que existiese algo, puede ser valorar el hecho de hacerle frente al problema o a la verdad y saberse responsable de lo ocurrido.
-Es realista, al momento de tener la madurez y no evadir la situación, esto significa que se sabe creativo y con la capacidad de encontrar la solución o simplemente está buscando ayuda y confiando en nosotros. Nunca lo pasen por alto.

• **Efectuar la corrección sin lastimarle o crear más dolor por el error**
-Observando todo en su justo tamaño, evaluando el problema en sí, solo viendo lo que hay que corregir.
-Enseñándole las consecuencia de los actos, adquiriendo consciencia sin lacerarse, sin señalar causantes o culpables, en este punto ya está evidenciado que fue lo que paso y no hay que hacer leña del árbol caído.
- Asumir las consecuencias de sus actos: esto es importantísimo, se cree que por amar y proteger a alguien se debe evitar que asuma su responsabilidad y se intenta tapar, ocultar, evadir y hasta sobornar para que esto no ocurra. Lo único que se logra evitar es la madurez mental y emocional, relaciones sanas y crecimiento espiritual.
-Lograr que asuma la responsabilidad de efectuar las mejoras, reconociendo los cambios como algo personal, independiente a los demás, haciendo que los trabaje de adentro hacia a fuera y luego se podrá ver reflejado en los resultados finales en general.

• **Al final se debe transmitir la confianza para que su autoestima quede estable y pueda empezar**
-Recordándole sus actitudes y fortalezas que le ayudaran a superar la situación para que después de la corrección no quede tan lastimado, avergonzado y su autoestima por el suelo.

- Hacerle sentir que se le tiene confianza y tiene la capacidad de salir adelante, recuérdele que hay cosas que puede manejar y otras que no, pero que depende de él no volver a cometer el error y efectuar el cambio.

FRASE: HAREMOS UN BIEN MAYOR AL SOLUCIONAR UN PROBLEMA PROCURANDO UN MAL MENOR AL CORREGIRLO CON MUCHO TACTO Y CONCIENCIA.

D.5 SE CULTO

Leer mínimo unas páginas al día de un buen artículo, un libro, una revista o una publicación fidedigna por internet.

Tal como se nutre con alimentos sanos y ejercita su cuerpo de igual forma se necesita nutrir la mente, para poder crecer constantemente.

FRASE: ES SIEMPRE RECOMENDABLE PERCIBIR CLARAMENTE NUESTRA IGNORANCIA. (Charles Darwin)

Es indispensable y necesario adquirir información de su entorno, personas que lo rodean y verificar lo que coloca dentro de su mente a través de los sentidos.

FRASE: SIN ENTRENAMIENTO, NO EXISTE EL CONOCIMIENTO. SIN CONOCIMIENTO, NO EXISTE LA CONFIANZA. SIN CONFIANZA, LA VICTORIA NO EXISTE. **(Julio César)**

• **Se debe leer:** esto conlleva a cultivar la mente, leer y si sobra tiempo seguir leyendo.

A través de la lectura se puede desarrollar habilidades que benefician el manejo del pensamiento tales como:

• **La comprensión de la lectura:** permite aprender a seguir pasos, procedimientos y manuales.

• **Investigar y cuestionar:** enseña a buscar las respuestas para tener un pensamiento autónomo.

• **La redacción, sintetizar y analizar**: desarrolla el pensamiento crítico.

• **La lectura en general:** minimiza el stress y la ansiedad.

• **La capacidad de concentración y enfoque:** mantenerse dentro de la lectura y poder entender su contenido.

Siendo transcendental ejercitar la mente ya sea con juegos de mesa, de agilidad mental, rompecabezas, crucigramas entre otros, manteniendo la memoria activa.
Entre más conocimiento se adquiera desarrollará más ventajas, más destrezas y será más competitivo.

• **Verificar que se ve por televisión y en el cine:** se está creando mucha dependencia a los programas de violencia, escenas sexuales, informaciones exageradas y superfluas, vida de lujos y extravagancias. Este tipo de programación hace que cada día las personas sean más inhumanas, más insensibles y menos empáticos; se está perdiendo la capacidad de asombro, de impresionarse, logrando que se vea la violencia con todos sus excesos como algo normal, provocando que se preocupen más por estar a la moda que tener empatía por el dolor ajeno.

FRASE: NUTRE TU MENTE, INCORPORA HÁBITOS QUE APORTEN VIDA A TU VIDA.

• **La música influye mucho:** aunque se piense que no afecta el estar repitiendo ciertas frases de forma constante por estar cantando o escuchando cierto estilo de música, sin querer se está programando la mente.
Si la música que se escucha tiene contenido de violencia o de discriminación y sus videos son imágenes extravagantes, falsas y reflejan un éxito basado en cosas y apariencias, logra que a la larga se identifiquen con ese contenido y quieran verse de esa manera, además de fomentar situaciones que le falta al respeto como hombres y mujeres.
La música romántica auto-flageladora no está relacionada con el verdadero romanticismo, confundiendo el verdadero amor, creyendo que es un derecho que se le entrega a otra persona de minimizarles hasta casi hacerlos infrahumanos y por amor aceptarlo todo. De vez en cuando para recordar y reír no está mal, pero no hacerlo un ritual.

Hay que consumir habitualmente música que estimulen los sentidos, que relajen, que produzcan emociones sanas y den felicidad.

• Dependencia a los celulares y las redes sociales: Se cree que es una necesidad estar conectados:

- Es cuando los dispositivos o aparatos tecnológicos, se convierten lo primero que se ve y se revisa al despertar y lo último antes de acostarse;
- Es cuando se toma a pecho todo lo que ahí se publica, midiendo el éxito por el número de seguidores, se hace lo que sea para estar según todos en fama, dándole un valor irreal y creando una dependencia directa;
- Es cuando se empieza a vivir más por las redes sociales, que en el mundo real, dificultando que se desarrollen actitudes simples de comunicación y contacto con las demás personas en la realidad.

E. Desarrolla la Resiliencia

E. DESARROLLAR LA RESILIENCIA

La forma de proceder tiene su origen en las creencias las cuales, en su mayoría, se definen en los primeros años de vida, en ellas se almacena todas las ideas sobre lo que se es como persona y como son las cosas, dándole el valor a las mismas, de ahí radica su importancia, de ahí surgen los pensamientos que son la parte consciente de las ideas, sin embargo frecuentemente no se sabe porque uno mismo se sabotea o tiene pensamientos negativos, de desconfianza en sus capacidades, generando dudas y confusión.

FRASE: CRECEN MÁS COSAS EN SU JARDÍN QUE LO QUE EL JARDINERO SABE QUE SEMBRÓ. (Proverbio Español).

En un mundo donde lo único fijo es el cambio constante se encontrará con variaciones como un divorcio, un cambio de casa, cambio de colegio, compañeros, otro jefe, un ascenso etc. donde se verá forzado a desarrollar múltiples bondades como la capacidad de adaptarse de forma funcional y competente.

La capacidad que se tiene de aceptar, adaptarse, digerir, reponerse, afrontar y seguir adelante frente a situaciones que provocan heridas emocionales, resentimientos traumáticos, dolor por una pérdida y conflictos por adversidades se le conoce como RESILIENCIA.

La resiliencia demuestra un autoconocimiento, autocontrol y autogestión de las emociones, equilibrando las acciones para un fin más positivo y estable.

• CON LA RESILIENCIA SE PONE A PRUEBA

La flexibilidad al cambio y capacidad de adaptación: permite utilizar a su favor la inteligencia, fortalezas y a desarrollar las habilidades para poder resolver y salir venturosos de la situación de cambio actual.

Ser funcional: es accionar haciendo, es más allá del conocimiento teórico, pues lo que sabe es hacer, dar respuestas en base a la práctica.

Ser competente: es saber reaccionar de forma efectiva y eficiente, para que las funciones sean exitosas en todos los aspectos, es lo que se busca en esta era de cambio.

Ser impulsores del cambio: desarrollando la creatividad y siendo auténticos con la única finalidad de culminar con la resolución exitosa de la situación, sin temor a equivocarse, pero con el respeto, calma, compromiso que conlleva ser pioneros en algo.

Algunas habilidades blandas para fortalecer la resiliencia son:
• **Manejar la frustración:** Aprender a ganar o perder. Saber Competir.

Es muy común que las personas se enojen, cuando pierden siendo incapaces de felicitar de corazón, al contrincante, que tiendan a buscar culpables para justificar su derrota.
Al permitirse que la frustración vaya ganando campo en ellos, se dejan llevar por pensamientos y actitudes negativas que provoca pensar, hacer y concentrarse en desear que el contrincante pierda, en vez de empezar a generar estrategias para que ellos ganen.
En las inversiones se manejan frases como "Perder dinero o dejar de ganar dinero.", cuando se compite se tiene que aprender a perder, sin que suene conformista o mediocre, para poder prepararse para

el triunfo, eso quiere decir que se puede perder pero jamás se deja de ganar.

Se debe empezar a canalizar las energías, a perfeccionar las técnicas, convertirse en experto a través de practicar de forma constante y deliberada, entrenar intensamente y una entrega completa convencidos de que el perfeccionamiento es el resultado de la búsqueda incansable del mismo.

FRASE: LO IMPORTANTE NO ES QUE LOS OTROS PIERDAN ES QUE NOSOTROS GANEMOS.

- **Tolerar:** Respeto a las diferencia entre las personas, dejando de lado las molestas comparaciones y críticas, permitiendo ver sus fortalezas y ventajas.
- **Paciencia:** esperar su turno, el manejo de la ansiedad, asimilar que no se es el centro de atención. Ésta habilidad ayuda a aprender a escuchar, ampliar la visión y a respetar el espacio de los demás.

FRASE: LA PACIENCIA ES AMARGA, PERO SU FRUTO ES DULCE. (Aristóteles)

- **Fuerza de voluntad:** es poder seguir adelante a pesar de los obstáculos, aprendiendo a que el mejor motor para mantenerse luchando está dentro de uno mismo.

La voluntad da la fuerza fundamentada en el respeto a la decisión tomada, manejo de la frustración y control emocional a prueba de todo.

FRASE: LA VOLUNTAD SIEMPRE MADRUGA.

F. TENER UN PROPÓSITO SUPERIOR

Se debe establecer un propósito superior, más allá de un triunfo inmediato o común, una forma de trascender, de dejar huella, a través de un propósito de vida, que permita mostrar las fortalezas y mejorar las debilidades, que le llene sus expectativas, lo apasione y a su vez le permita dejar un legado.

FRASE: LOS ESFUERZOS Y EL CORAJE NO SON SUFUCIENTES SIN PROPÓSITO Y DIRECCIÓN. (John Fitzgerald Kennedy)

F.1 SE DEBE SALIR DE LA ZONA DE CONFORT

La mente para protegerle se encarga de hacerle sentir cómodos, seguros y confiados en la zona de confort, haciendo todo lo posible para mantenerlos ahí. Éste círculo personal lo conforman todo lo habitual, cotidiano, constante, permanente y rutinario que se sabe hacer y ser, manejándolo sin problemas, con el menor esfuerzo y de manera casi automática, manteniéndolos alejados de los retos y cambios que requieran ensayos y error, esfuerzos, riesgos, posibles equivocaciones, capacidad de reposición y a veces hasta un poco de dolor.

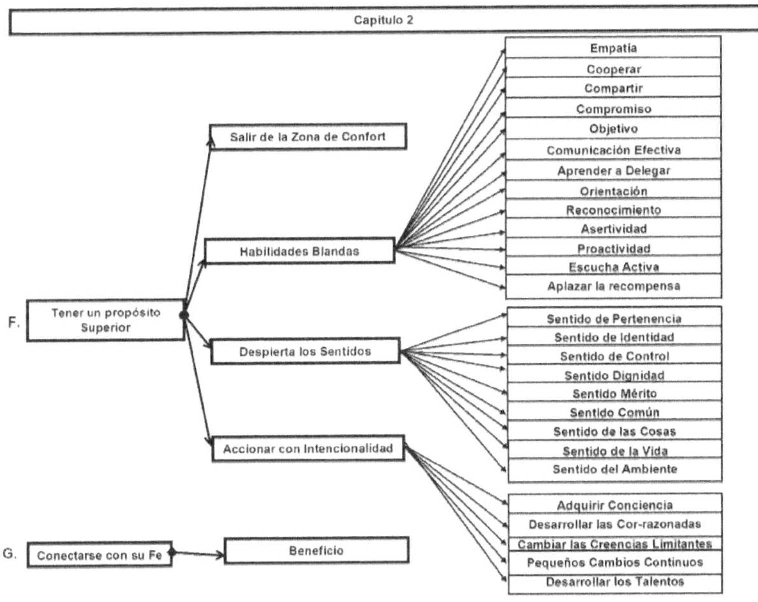

La protección que le ofrece la zona de confort tiene un costo bastante alto, al pasar del tiempo termina pagándole con una frustración silenciosa, dolorosa y hasta incisiva del "si hubiera", situación que detona al hacer una reflexión introspectiva de manera consciente y comparar lo que se quiso hacer y ser con lo que se logró, percatándose y reconociendo que son los únicos responsables de no haber logrado sus propósitos. En caso de ser así.

FRASE: ***EL HUBIERA ES UN TALADRO QUE NOS PERFORA LA MENTE DESCONECTANDONOS DEL PRESENTE Y ANCLANDONOS EN UN PASADO IRREAL.***

Cuando se descubre su propósito superior, también se encara el hecho de tener que aprender a trabajar en equipo, echándole mano a las habilidades blandas, éstas son: la forma de ser, de relacionarse con los demás, de comunicarse efectivamente a nivel social y personal, siendo necesarias para cumplir con ese propósito, en la mayoría de los casos.

Ejemplo de habilidades blandas son:

• **Empatía:** Permite aprender a ponerse en los zapatos de otros, esto no significa que se experimentara los mismo sentimientos, (sólo lo puede sentir quien padece la situación), simplemente las personas son más sensibles, más humanas al momento de decidir y cuestionar a otros, minimizando la indiferencia, el poco me importa por el dolor ajeno y la suerte del prójimo, que a veces se percibe en la sociedad.

No es comprar el problema, es ser solidarios para poder ayudar a solucionar o a enfrentar la situación.

• **Cooperar:** Ayuda mutua, complementarse, esto les permite ver las virtudes y ventajas de cada uno, saberse integrar, sincronizarse y sintonizándose con el objetivo.

Al cooperar se obtienen resultados superiores a los que se logran trabajando solos.

• **Compartir:** desprenderse, valorar más a las personas que a las cosas, siempre teniendo presente que uno ayuda sin esperar nada a cambio para no sufrir decepciones, es mejor vivir lleno de agradecimiento por la oportunidad de ayudar a alguien, sintiéndose bendecido de ser usted el que extiende la mano y no el que la necesita.

• **Compromiso:** dar lo mejor de sí mismo, trabajar sin excusas, perseverar aunque todo esté en contra, bajo bases fuertes de objetividad, dar el kilómetro extra, esto permite el desarrollo de la lealtad a la palabra empeñada y convicción con propósito.

• **Objetivo:** este punto debe ser inclusivo, para concentrar la energía y la emoción en la finalidad del trabajo bien hecho, manteniéndose enfocado y direccionando cada una de las acciones en el cumplimiento del objetivo.

FRASE: UN OBJETIVO REALISTA NO SOLAMENTE CONSTRUYE PISOS SÓLIDOS SINO QUE DESTRUYE LOS TECHOS PARA AMPLIAR Y ELEVAR LA VISIÓN.

• **Comunicación Efectiva:** transmitir y contagiar emociones durante la comunicación, de primera mano sólo prestar atención, sin predisposiciones ni prejuicios, se debe verificar y unificar criterios y al final saber generar acción.

• **Aprender a Delegar:** desarrollar la capacidad de confiar en las habilidades de las demás personas para designarle funciones específicas y medibles donde se pueda verificar el resultados y poder ir incrementando poco a poco sus destrezas en el cargo; esto ayuda con la salud física y mental, minimizando el estrés de querer hacerlo todo uno mismos.

FRASE: SIEMPRE PODEMOS DELEGAR LAS FUNCIONES O EL TRABAJO A REALIZAR, EL PODER DE RESPUESTA Y EL RESULTADO FINAL ES NUESTRA RESPONSABILIDAD.

• **Orientación:** es la comunicación y guía en el tiempo y espacio específico de cómo lograr un objetivo, es como tener un mapa con pasos a seguir para llegar a un tesoro, permaneciendo fiel al objetivo personal y profesional que se han trazado.

• **Reconocimiento:** resaltar lo bueno y mejorar lo malo, con una corrección justa (en el momento y lugar adecuado) felicita en público, corrige en privado, tanto a nivel personal como colectivo. Muchas veces se deja este punto de último, sin saber dar ese pequeño incentivo, siendo esta palmadita de ánimo la gasolina que se necesita para seguir avanzando, pues quizás se está aprendiendo a auto-motivarse.

• **Asertividad:** para el correcto desarrollo de las relaciones humanas es indispensable aprender a establecer límites, a decir que NO, esto permite de manera firme, sincera y directa, sin menospreciar, minimizar o herir a nadie, hacer respetar un punto de vista, comunicándolo con mucho tacto.

Si la juventud supiera decir que NO se evitarían muchas situaciones como embarazos no deseados, drogas, pruebas para formar parte de pandillas, enfermedades y demás.

• **Pro-actividad:** generar cambios y tener iniciativa con la responsabilidad del resultado final, siempre buscando hacer mejor las cosas.

• **Escucha activa:** se empieza escuchando el doble de lo que se habla, aprendiendo a prestar atención con mente abierta, no estar insistentemente observando el celular, la puerta, moviendo las manos, sonando cosas u otros movimientos que reflejen ansiedad o desinterés, (esto puede ser por costumbre o de forma involuntaria), también enfocar la crítica a puntos basados en aportes productivos y enriquecedores al tema y no en la espera de interrumpir o desear que guarde silencio el expositor para tomar la palabra y el protagonismo.

• **Aprender a aplazar la recompensa:** las premiaciones, resultados instantáneos y los reconocimientos inmediatos obedecen a los deseos irracionales que son efímeros, pasajeros y no representan una satisfacción permanente ni una necesidad real de algo.

Si no se sabe manejar las emociones en el tiempo, no se sabe aplazar la recompensa y se acostumbra a lo instantáneo y a la inmediatez, esto trae efectos en el carácter:

• Disminución de la capacidad de trabajar con la misma energía y entusiasmo del principio hasta el final del proyecto.

• Desinflar las ganas, variaciones de objetivos y cambios de normas de forma constante.

• Pérdida de la confianza en que el resultado final llegará, por tanto carece de perseverancia.

• No saber manejar el sentimiento de frustración, por no recibir de forma inmediata lo que se quiere o siente que merece, sin comprender que todo en la vida tiene su costo y lleva su tiempo.

• Impide comprometerse de verdad a largo plazo.

• Se acostumbra a obtener todo fácil, sin esfuerzo y por consecuencia, la mayoría de las veces, no le da el correcto valor a la cosas.

Los beneficios de saber aplazar la recompensa son:

• Lograr desarrollar la capacidad de luchar, perseverar y seguir construyendo un futuro.

• Comprender que debe dedicarse, mantener el objetivo, y

• Aplicar la disciplina para obtener resultados sustentables en el tiempo, para hacerse experto en diferentes áreas.

F.2 DESPIERTA LOS SENTIDOS

• **Sentido de Pertenencia:** sentir que se forma parte de algo es una necesidad básica del ser humano pues no se debe vivir aislado, pero también el tener un ¿por qué? le da una razón, un sentido y un lugar.

• **Sentido de identidad:** de individuo, identificarse con el propósito es esencial para tomarlo como propio, trabajar con gusto y entregarse al 100%, sentir que ese objetivo además de identificarle, le define.

• **Sentido de control:** el resultado para cumplir sus sueños dependen de usted, es el responsable y no puede culpar a nadie, usted sabe lo que le hace feliz y debe aprender a gestionar las reacciones emocionales antes situaciones adversas.

• **Sentido de dignidad:** al tener un propósito tiene razones y dirección, además si ese propósito superior tiene como meta dejar huella, le hace digno de admiración, de respeto, de imitar.

• **Sentido del mérito:** si da lo mejor de sí, obtendrán el reconocimiento deseado.

• **Sentido común:** debería ser el más común de los sentidos, se acciona cada vez que se toma decisiones, hablamos de la lógica, lo tácito, lo obvio. Esto es indispensable para el manejo de las emociones porque permite funcionar en el mundo de forma armoniosa.

Permite actuar:

• Mecánicamente: tiene que ver con lo obvio, lo que se hace casi sin razonarlo.

• Secuencialmente: saber seguir los pasos, indicaciones.

• Responsablemente: Toda causa tiene su efecto, su acción tendrá una reacción, todo lo que haces tiene consecuencias.

• **Sentido de las cosas:** cada cosas tiene un valor y un costo, esto varia al pasar el tiempo, hoy pueden ser importante y mañana solo es un objeto (ganar un trofeo específico). Permanecer centrado sin maximizar ni minimizar las cosas, todo en su justa dimensión.

• **Sentido de la vida:** cuando se empieza a establecer propósitos válidos, por pequeños que parezcan, se adquiere confianza, se fortalece la fe y crece la seguridad en uno mismo, haciendo que el futuro tome sentido al comenzar a desarrollar actitudes y aptitudes que le servirán el resto de la vida, también puede que encuentre lo que de verdad le apasiona y establezca su propósito superior a futuro.

• **Sentido del ambiente:** el entorno en el que se desenvuelves es primordial para lograr un buen desarrollo, pero indispensable es comprender que el ambiente no lo encajona, no determina y no define quién es usted o lo que será en un futuro inmediato, eso sólo lo puede establecer usted.

F.3 ACCIONAR CON INTENCIONALIDAD

La intencionalidad tiene que ver con la intención de llevar a cabo una acción, está relacionada con la voluntad y la consciencia, características esenciales para generar cambios en la actitud.

Diferentes puntos que se puede modificar a través de la intencionalidad son:

• **ADQUIRIR CONSCIENCIA:** Es tomar las riendas de su vida, del yo. Ser responsable de cada acción, comprender que todo depende de uno mismo. También es darle nombre a los sentimientos, hacerse conscientes de las emociones, trayéndolas al plano actual, dejando de reaccionar a las cosas, en este punto no está permitido culpar a otros por sus acciones, nadie tiene más poder sobre sus emociones que el que usted le otorga.

FRASE: LA CONSCIENCIA ES LA PERCEPCIÓN Y LA HILACIÓN ENTRE EL PENSAR, SENTIR Y ACTUAR.

• **DESARROLLAR LAS COR-RAZONADAS:** Tener un equilibrio (pensar, interpretar, sentir, balancear, aceptar, entender, manejar y gestionar) entre la razón y lo emocional.

• Razón sobre emoción: las emociones no puede ser independiente a la razón, pretendiendo actuar en contra de los sentimientos como si no pasara nada, esta distancia genera deficiencias físicas y mentales tales como gastritis, migrañas, mal de estómago, entre otros.

• Emoción sobre razón: Las acciones motivadas 100% por emociones generalmente reflejan inmadurez en su comportamiento porque no mide la consecuencia de sus actos, su verdadera escala de procedimiento depende de su estado anímico que a su vez es resultado de su entorno, convirtiéndose en una cajita de pandora.

Siempre se dice que hay que pensar antes de actuar, en conclusión somos un todo integral y debe funcionar en armonía la mente y las emociones, es decir corazón-razón, sentimientos razonados.

• **CAMBIAR LAS CREENCIAS LIMITANTES:** Las creencias

limitantes se pueden ir formando desde la infancia según el entorno, sucede al ser comparado con alguien o ser etiquetado con prejuicios; no importa quién lo señaló o etiquetó, pudo ser usted mismo al no saber manejar un error, un tutor o un maestro, usando palabras descalificadoras; esto puede llegar a crear pensamientos limitantes sobre la capacidad que se tiene de realizar una labor, tarea, deporte, etc. en específico.

En el proceso de aprendizaje interfiere el tiempo y esfuerzo que se toma aprender, entender y aplicar algo. Se debe considerar el método para explicar (Método Enseñanza-Aprendizaje), el lugar, el momento y la persona que lo hace. Esto es importante hacerlo antes de validar cualquier creencia de que se es apto o no para ciertas funciones.

La personalidad y la fe no puede estar fundamentada en las impresiones y opiniones de otras personas, sustentando su capacidad en comentarios de aprobación o desafortunados momentos descalificativos.

No permita que cale en usted la opinión negativa de alguien más, sin importar quién lo dice, esa no es la verdad absoluta, es solo su concepto y se puede cambiar en el momento que así lo determine, sabiendo que se puede ser inteligente de diferentes formas y áreas, pero igualmente inteligente.

Empezar a sanar esas creencia ya sea perdonándole, perdonándose, cerrando los ciclos, rompiendo esas etiquetas y reescribiéndolas positivamente.

FRASE: LA MENTE ES TODO. TE CONVIERTES EN LO QUE CREES. (Buda)

Comenzar practicando aquello que le gusta y que le dijeron que no podía hacer o aquello que necesita realizar, teniendo presente que está prohibido, con el primer error, terminar validando cada etiqueta desalentadora que recibió; simplemente sea consciente que está en el proceso de aprendizaje y le toca seguir intentándolo hasta que desarrolle la habilidad y lo domine.

FRASE: PROGRAMAR TU MENTE DEPENDE DE TI.

- ## PEQUEÑOS CAMBIOS CONTINUOS GENERA GRANDES RESULTADOS:

La rutina tiene el poder de hacer la cosas de forma mecánica, a veces se ven envueltos en resultados que le desagradan pero se sigue accionando de la misma manera, sin darse cuenta que con pequeños cambios continuos se obtendrá grandes resultados por ejemplo: si colocamos cada cosa en su lugar tendremos múltiples beneficios: la imagen es agradable, sabremos donde esta cada cosa, al momento de ordenar nos tomara menos tiempo, podemos hacer un verdadero inventario de lo que tenemos y nos hace falta entre otras ventajas.

Es por eso que se debe visualizar que se quiere cambiar y empezar poco a poco, de esta forma será más fácil de aplicar hasta que se convierta en un hábito y se haga menos abrumador, a su vez se podrá ver los resultados más rápido.

- ## DESARROLLEMOS LOS TALENTOS: A veces uno se estanca y paraliza en el tiempo, se ve **Tan-lento** al momento de aprovechar las oportunidades, esto puede radicar en el temor a lo desconocido, a lo nuevo, a equivocarse, a empezar, impidiendo darse cuenta de lo talentoso que puede ser.

Todos tienen un talento por trillado que parezca, es por ello que se debe perder el temor de explorar y explotar aquello que le gusta realmente, que lo apasiona o en lo que son buenos o se le facilita hacer; para que lo utilice a su favor confiando en sí mismo; permitiéndole a su mente soñar; no hay que esperar que las oportunidades aparezcan también se pueden crear.

Como resultado se tendrá un estado de ánimo más agradable, ya que hace lo que le gusta y si lo explota bien puede servirle de terapia, distracción o para generar ingresos como modo de vida.

FRASE: LA CAPACIDAD DE EJECUCIÓN Y LA DISCIPLINA CONSTANTE PUEDE SUPERAR EL TALENTO.

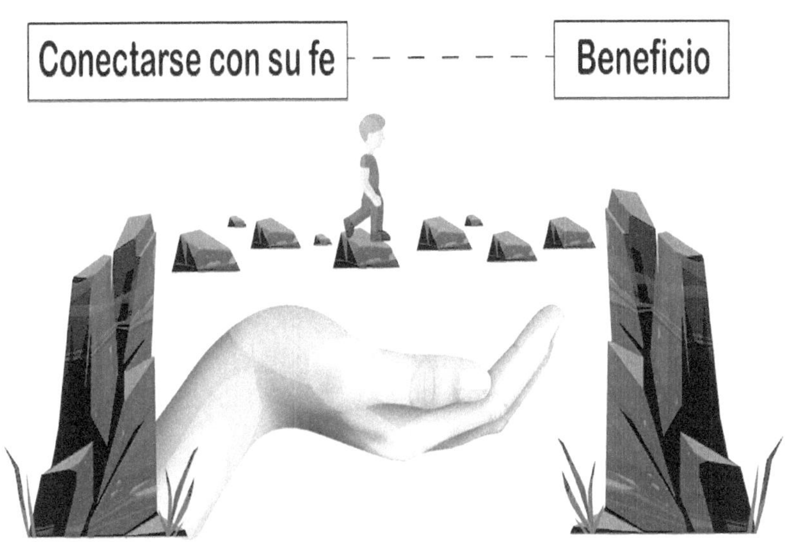

G.   CONECTARSE CON SU FE

En este punto no se pretende abordar ningún tema religioso, ni tampoco algún Dios específico, simplemente se menciona lo saludable que es para el entender, sentir y comprender que existe la FE.

***FRASE: CREER ES LA ESENCIA DE LA VIDA.* (Julio César)**
Saber y percibir esa fuerza interior llamada FE otorga beneficios como:
1. Ayuda a mantenerse en movimiento.
2. Hace que funcione con entusiasmo.
3. Permite reponerse y reconfortarse.
4. Da confianza que al final está el objetivo que se está buscando, hace que se mantenga la serenidad y la calma durante la trayectoria.
5. Los obstáculos que se atraviesan en el camino se toman como pruebas de fe, considerando que a través de la perseverancia se mostrará si el objetivo es un capricho o es por convicción.

FRASE: SI EL ORO DEBE SER PROBADO PASANDO POR EL FUEGO, Y ES SÓLO COSA PASAJERA, CON MAYOR

RAZÓN SU FE, QUE VALE MUCHO MÁS. (Pedro 1. 1, 7).
6. Por alguna razón se sabe que no está solo.

FRASE: ESTAR SOLO Y SENTIRSE SOLO SON DOS COSAS COMPLETAMENTE DIFERENTE.
7. A pesar de las adversidades se sigue luchando por un objetivo que requiere entrega y constancia.
8. La FE no cambia por todo ni por nada.
9. La FE permite accionar con optimismo debido a la Providencia.

FRASE: MANTENER LA FE NOS HACE SERENARNOS EN LA OSCURIDAD PORQUE SABEMOS QUE LA LUZ SIEMPRE POCO A POCO ENCONTRARA LA SALIDA.

La verdadera FE puede estar sustentada en un Dios, ser supremo, deidades, en el universo o en sí mismo.

FRASE: LA FE ES LA CERTEZA DE LO QUE SE ESPERA, LA CONVICCIÓN DE LO QUE NO SE VE.   (Hebreos 11).

En algunas ocasiones las personas toman riesgos y deciden que a pesar de que siempre se han hechos las cosas de ciertas formas pueden decidir, elegir y optar hacerlas de manera diferente; a estos cambios, opciones, riesgos se le llamarán ***ACTOS DE FE***. Accionan confiando en el resultado final, logrando así iniciar, mantenerse y llegar a culminar todo el recorrido sólo por la fe.

FRASE: DIOS NO JUEGA A LOS DADOS. (Einstein)

DINÁMICAS

Las dinámicas son formas sencillas, prácticas y vivenciales con las que se puede experimentar comportamientos que reflejan los pensamientos y sentimientos de las personas a su vez permiten gestionar las emociones.

Aquí señalamos unas dinámicas que tiene como finalidad mostrar cómo se acciona y reacciona frente a situaciones cotidianas, comencemos:

1. ROMPER LAS ETIQUETAS Y VIVIR CON CEROS PREJUICIOS

Hay que formar un grupo de 5 personas:

a. Cada integrante del grupo le debe decir una característica del carácter de su compañero que le parece un defecto, luego debe escribirlo en una hoja blanca y colocárselo a la persona que le corresponde. Al final cada participante tendrá 5 hojas con 5 defectos escritos en ellas.

Un punto importante es la colocación de las hojas en cada integrante, una en la frente, otro en la boca, otro en el corazón, otro en el hígado y otro en el estómago.

Verán que llega el momento en que a su compañero no lo pueden ver o identificar con claridad porque está escondido debajo de todos los prejuicios descritos en esas hojas, esto es lo que ocurre cuando se etiqueta y no se dan la oportunidad de conocer en realidad a la persona por puras predisposiciones.

a. Ahora por cada etiqueta de crítica hay que buscar el lado positivo, si lo tiene, de no ser así, cámbielo por una virtud de la persona.

b. Luego se lo debe decir: de esta forma tanto la persona que etiqueta como la que es etiquetada se hacen conscientes de los defectos y virtudes reconociendo que cuando se mira a alguien sin prejuicios es más fácil identificar sus virtudes que sus defectos.

c. Después se empieza a quitar todas las etiquetas y romperlas para darse la oportunidad de descubrir la persona debajo de tantas etiquetas.

La frente representa sus pensamientos, la boca la expresión, el corazón los sentimientos, el hígado sus enojos y el estómago su acción.

RECUERDE: SONREÍR CON EL HÍGADO, ACCIONAR POR COR-RAZONADAS, SALUDAR CON EL ESTÓMAGO Y HABLAR CON EL ALMA.

2. DEJAR DE SENTIRSE VICTIMA Y EMPEZAR A AGRADECER

La memoria muchas veces es infiel, hace que se piense que no hay nada por cual sentirse agradecido, pero una vez que se enfoca se podrá recordar y reconocer que con solo tener vida ya se tiene como empezar la lista de agradecimientos.

Comenzar la lista de agradecimientos con pasos muy sencillos tales como:

a. Empezar por uno mismo: por despertar, por estar vivo, por respirar, por tener una nueva oportunidad de comenzar, por ser libre de pensamiento y con capacidad de decidir.

b. Luego por donde se está: independiente del lugar donde se encuentre, está adquiriendo conciencia del aquí y ahora permitiéndose decidir a donde quiere llegar y eso es el principio de todo.

c. Además agradecer por lo que se tiene: No se está hablando de lo material específicamente, es más allá del todo y del nada.

Una vez que se comprende que se es su mejor amigo, cómplice leal y fiel compañero se puede empezar a establecer metas, pues se cuenta con lo único indispensable, uno mismo.

d. Agradecer que se está adquiriendo conciencia: esto permite establecer un plan de acción con una secuencia de pasos y resultados a corto, mediano y largo plazo logrando que los objetivos dejen de ser inalcanzables y se conviertan en objetivos reales en el marco del tiempo y espacio.

3. EMPEZAR A PERDONAR Y PERDONARSE

En el interior se guardan cosas que se desean hubiesen sido distintas, quizás han sido lastimado o se ha lastimado a alguien, estas situaciones, por lo general, ocasionan frustraciones, este sentimiento corroe el alma, limita la capacidad de confiar, elimina la sonrisa hacia a la vida y obstaculiza poder amar.

Esta dinámica no es en beneficio de la otra persona, no es para que sean amigos, es simplemente un acto de sanación individual.
Nota: esta actividad se sugiere sea realizada en compañía de alguien muy cercano o un profesional del tema, por todos los sentimientos que se traen a colación y para poder transitar por ella hasta el final.

    a. Es tomar una hoja en blanco y empezar a escribir todo lo que les molesta de la situación o persona que los lastimó,

    b. luego tomar otra hoja y escribir como se sintieron frente a esa situación o persona, deben ser todas y cada una de las emociones,

    c. en la tercera hoja se va a responder cómo se siente en la actualidad con lo sucedido,

    d. la cuarta y última hoja es para que escriba como quisiera que hubiera sido,

    e. Al final, después de desahogarnos, de escribir todo, las podemos romper, quemar, dejar ir, cerrar el ciclo.

Importante recordar que quién perdona y se perdona de verdad se hace más fuerte y su fortaleza tiene su raíz en poder dejar ir lo sucedido, no aferrarse a eso y seguir hacia adelante con una sonrisa demostrando que nada lo derrumba o lo desvía de su objetivo principal que es estar bien consigo mismo.

RECUERDE: EXPLOTA TODO TU POTENCIAL, TUS FORTALEZAS, TUS VIRTUDES, NO PARA IMPRESIONAR A LOS DEMÁS, ES PARA SORPRENDERTE A TI MISMO.

4. RESENTIMIENTOS

Cuando hay situaciones o personas del pasado que traen malos recuerdos, sentimientos encontrados y emociones que causan daño, se tiende a engancharse y estancarse con ellas; sin poder soltarlas, dejarlas fluir y seguir adelante.
RECUERDE: EL SER HUMANO ES COMO UN SUSPIRO, SU VIDA ES COMO UNA SOMBRA QUE DESAPARECE

RÁPIDAMENTE (SALMO 1444:4)

Lo más sano para la salud metal, emocional y física es empezar a gestionar esas emociones negativas que sólo los predispone para situaciones futuras.

Una forma sencilla y prácticas es:

A. EMPEZAR A TRABAJAR LAS EMOCIONES NEGATIVAS: imagínese que las emociones negativas sobre la situación o persona en cuestión son rocas enormes y pesadas que solo les atrasa en el camino de la vida, impidiendo el avances continuo,

RECUERDE: GUARDAR RENCOR ES CARGAR UNA PESADA Y ENORME PIEDRA EN EL CORAZÓN.

Cuando se han cerrado los ciclos y se ha perdonado, independiente a si ha podido o no perdonar a la otra persona, se puede repetir la frase **"NO LO CARGUES"** que significa que no tiene por qué llevar sobre sus hombros, espalda, a cuesta o arrastrando cada una de las rocas enormes y pesadas que esa situación o persona representan, es decir dejar ir y que exista espacio en su alma y corazón para lo bueno.

"ABRE TUS BRAZOS Y DEJA QUE LLEGUE LO NUEVO"

B. SU YO INTERIOR, YO EMOCIONAL: otra forma de manejar estas áreas es imaginarlas como una botella vacía, la cual tiene que decidir con que llenarla, si de emociones negativas y pasadas (resentimientos) que son rocas feas, con moho y sucias o de emociones positivas y atractivas (entusiasmo) que son piedras preciosas y brillantes, que son atractivas por su esencia, que nos hacen valiosos, agradables y amables con buena vibra para así construir un futuro próspero y feliz.

RECUERDE: AMABLE ES IGUAL A DIGNO DE AMAR.

5. PARQUE DE DIVERSIONES DE LAS EMOCIONES

A veces en un mismo día las emociones suben y bajan como si se estuviera en un parque de diversiones, donde en un segundo gritamos, saltamos, reímos, lloramos, nos asustamos, hasta podemos devolver el estómago, se termina el día agotado emocionalmente y reaccionando por todo, podemos parecer demasiado estresados, sin paciencia y cargando todo y a todos.

En cada uno está dejar de reaccionar y empezar a accionar, "TOMAR EL TORO POR LOS CUERNOS".

Para empezar a gestionar las emociones y salir del parque de diversiones, se tiene que:
   a. Ser consiente de lo que sentimos en el momento que lo siente.
   b. Respirar, regalarse esos 5 segundos y respirar, de esta forma podrá saber que está sintiendo.
   c. Luego, si puede, lo anota en una hoja, hágalo 3 veces al día.
   d. Al final de la semana podrá verificar la estabilidad emocional, en que juego del parque de diversiones decidió subirse, si gritó, lloró, se asustó o simplemente río sin parar y pudo soñar y crear.

También se puede llegar a creer que lo hicieron enojar, lo provocaron, sin reconocer que usted decidió ir al parque de diversiones, luego que aparato utilizar, hacer la fila, comprar el boleto y al final subirse al juego, recordando que en cada punto siempre tuvo la oportunidad de desistir y retirarse.

La responsabilidad es individual y se debe reconocer y salir de la negación, esto evitara culpar a los demás de las malas decisiones y los hará dueño de sus actos.

Una vez que se empieza a reconocer las emociones se tiene la capacidad de modificarlas si no le hacen sentir bien; puede ampliar la visión y cambiar su pensamiento para lograr gestionar la emoción. Por ejemplo conectar la mente con una idea positiva.

6. EL ESPEJO Y YO

El diálogo personal es fundamental para construir, fomentar, fortalecer la autoestima, pues lo que digan lo demás sólo adquieren valor si así lo decide y lo valida como cierto, sea esto bueno o malo.

Cuando se mira al espejo piense ¿qué le dice el reflejo?: Usted es su mejor amigo o su peor enemigo, nadie le conoce mejor que usted mismo, sus fortalezas y sus defectos.

Por ejemplo:

a. **Cuando tenga alguna charla y está nervioso:** la mejor forma de prepararse para la presentación es practicar frente a un espejo y repetirlo hasta que le salga fluido,
RECUERDE: TU REFLEJO ES TU PÚBLICO MÁS CRITICO Y EL ESPEJO ES TU PRIMER ESCENARIO.

b. **Debe observarse fijamente:** su mirada fija hace que si puede hacerlo en el espejo, la multitud sea más manejable, pues usted es su juez más severo, nadie puede cuestionarlos más duro e inflexible que usted mismo, inconscientemente lo sabe.

c. **Controlar los nervios:** ellos demuestran que le importa quedar bien con los demás y con usted mismo, demuestra que está vivo, esto no debe paralizarlo y limitarlo.
Recordar que los nervios son un sentimiento y depende de usted permitir que se note, que los demás lo sepan, es usted y el espejo nadie más.

d. **Diálogo final:** dicen que las palabras reflejan lo que carga el alma, por ende lo que se dice es fundamental, frente al espejo puede mirarse fijamente y en voz alta recordarse la valiosa persona que es, cada una de sus virtudes, debe echarse porras, darse ánimo y el voto de confianza.

Escuchemos a nuestro espejo cuando nos dice:
"PERMITEME SORPRENDERTE CON TU "YO" MEJORADO, ASOMBRANDOTE AL SER Y HACER COSAS QUE TE MARAVILLEN".

Índice

Un respiro para el alma

se terminó de imprimir en el
mes de abril de 2022